내 삶을 비춰줄
하나의 문장들

**내 삶을 비춰줄
하나의 문장들**

초판 1쇄 인쇄 2025년 9월 08일
초판 1쇄 발행 2025년 9월 15일

엮은이 | 김옥림
펴낸이 | 임종관
펴낸곳 | 미래북
편　집 | 정윤아
본문 디자인 | 디자인 [연:우]
등록 | 제 302-2003-000026호
주소 | 경기도 고양시 덕양구 삼원로73 고양원흥 한일 윈스타 1405호
전화 031)964-1227(대) | 팩스 031)964-1228
이메일 miraebook@hotmail.com

ISBN 979-11-92073-78-1 (03800)

값은 표지 뒷면에 표기되어 있습니다.
잘못된 책은 구입하신 서점에서 바꾸어 드립니다.

동서양 사상가들의
지혜가 되고 빛이 되는
220가지 말

내 삶을 비춰줄
하나의 문장들

김옥림 엮음

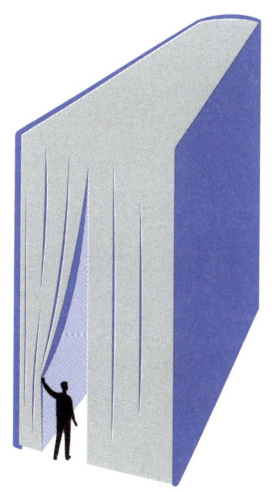

미래북
miraebook

| 프롤로그 |

좋은 문장은 힘이 세다

좋은 문장은 그것이 시든, 명언이든 무한한 에너지를 갖고 있습니다. 그런 까닭에 문장 하나가 그 사람의 인생을 바꾸기도 하고, 세상을 좌지우지할 만큼 힘이 셉니다. 좋은 문장은 그 문장 자체 하나만으로도, 수백 쪽에 달하는 소설이 주는 깊은 감동과 두툼한 인문서가 주는 깨달음을 얻게 함으로써 마음가짐을 달라지게 합니다.

세계적으로 성공적인 인생을 살았거나 살고 있는 사람들 중에는 그 사람의 인생의 좌표가 되어 준 문장이 있습니다.

"우리들의 중요한 임무는 희미한 것을 보는 것이

아니라, 가까이 있는 분명한 것을 실천하는 것이다."

이는 영국의 역사가인 토머스 칼라일의 문장입니다. 하루하루를 무의미하게 보내던 한 평범한 의과대학생이 이 문장을 읽고, 크게 감동을 받아 노력한 끝에 세계 최고의 의과대학인 미국 존스 홉킨스대학 설립자가 되었습니다. 그의 이름은 윌리엄 오슬러입니다. 그는 자신의 성공의 원천에 대해 이렇게 말했습니다.

"나는 칼라일의 이 문장에 깊은 감명을 받고, 꾸준히 실천한 끝에 내가 원하는 것을 얻을 수 있었다."

윌리엄 오슬러의 말엔 좋은 문장이 얼마나 큰 힘을 발휘하는지를 잘 알게 합니다. 그리고 영국 최고의 시인으로 평가받는 로세티의 시를 읽고 큰 감동은 받은 무명작가가 최선을 다해 노력한 끝에, 자신이 그토록 흠모하는 로세티의 부름을 받았습니다. 그 후 그의 도움으로 작가로 크게 성공한 홀 케너에게 로세티의 시는 그의 삶을 완전히 거듭나게 한 인생의 거대한 빛이었습니다.

이렇듯 좋은 시와 문장은 그 길이에 상관없이 큰 힘을 발휘하는 것입니다. 그런 까닭에 좋은 시와 좋은 글을 많이 읽고, 깊은 감동을 주는 좋은 문장을 많이 안다는 것은 자신의 인생에 있어 더없는 자산과도 같습니다.

이 책에는 러시아의 국민작가 레프 N. 톨스토이를 비롯해 《월든》으로 유명한 헨리 데이비드 소로, 미국의 시인이자 사상가인 랠프 왈도 에머슨, 독일의 시인이자 작가인 헤르만 헤세, 요한 볼프강 폰 괴테, 독일의 철학자 프리드리히 니체, 영국의 사상가 존 러스킨, 고대 그리스 철학자 에픽테토스, 영국의 명정치가이자 노벨문학상 수상자인 윈스턴 처칠, 공자, 장자 등 동서양을 비롯한 철학자, 사상가, 예술가, 작가, 종교가, 화가, 자기계발 동기부여가, 명상가, 그리고 우리나라 대표적인 소설가 박경리, 최고의 지성으로 명성을 떨쳤던 이어령, 민족시인 윤동주, 조병화 시인 등 다양한 이들의 시와 문장이 맛있는 성찬으로 차려져 있습니다. 이 맛있는 시와 문장들을 섭취함으로써 마음의 근육을 탄탄히 쌓으면, 지혜가 되고 빛이 되어 줌으로써 자신의 인생을 살아가는 데 큰 도움이 될 것입니다.

그렇습니다. 좋은 시와 문장은 인생을 바꿀 만큼 강한 메시지를 담고 있습니다. 이 책은 무언가를 새롭게 결심하거나, 새롭게 시작하거나, 인생의 고난 앞에 흔들리거나, 지혜와 결단력이 필요한 이들에게 더없이 좋은 인생의 친구가 되어 주리라고 생각합니다.

이 책을 대하는 모든 이들이 자신의 뜻을 이루고, 하나같이 좋은 결과를 얻길 바라며 무한한 행복을 기원합니다.

김옥림

Contents

프롤로그_ 좋은 문장은 힘이 세다 004

1 희망이라는 약

있는 그대로 바라보라 016 + 거울처럼 있으라 018 + 참견하지 말고 가만히 지켜보라 020 + 생활이란 현실에서 도피하지 말라 021 + 인생의 의무 022 + 세상을 만드신 당신께 024 + 멀리서 찾지 말라, 길은 가까운 곳에 있다 025 + 그래도 하라 026 + 인생이라는 바다를 건너는 법 028 + 행운은 눈이 멀지 않았다 029 + 가슴 뛰는 삶 030 + 성공이란 032 + 나무 033 + 고요함의 지혜 034 + 삶의 신비를 풀게 될 것이다 036 + 반드시 있어야 할 존재가 되게 하라 037 + 인생의 법칙 038 + 삶 039 + 이 순간 행복하라 040 + 내가 인생을 다시 한번 겪게 된다면 041 + 시간을 가져라 042 + 인간의 품격 044 + 두 가지의 행복 045 + 진실을 전하는 유일한 방법 046 + 삶이 그대를 속이더라도 047 + 근면은 행운의 어머니이다 048 + 그런 것은 중요하지 않다 049

2 꽃은 자신을 아름답다 하지 않는다

꽃은 자신을 아름답다 하지 않는다 052 + 나에게는 꿈이 있다 054 + 있는 그대로 받아들여라 055 + 주어진 상황을 즐겨라 056 + 스스로를 다스리기 057 + 모든 일에 뛰어날 필요는 없다 058 + 사람과 돈 060 + 당신은 사랑입니다 061 + 삶을 제대로 즐겨라 062 + 오늘은 실패해도 내일은 성공할 수 있다 063 + 행복한 삶 064 + 무명도無名島 065 + 좋은 나무 같은 사람 066 + 진정한 삶의 의미 067 + 생동감 넘치는 삶을 살아라 068 + 내 영혼이 나에게 충고했네 070 + 당신은 소중한 사람 072 + 그 맛이 사람을 현혹시킨다 074 + 행복의 파랑새 075 + 문제 그 자체를 사랑하라 076 + 아들에게 전하는 말 078 + 침묵의 소리 080 + 답설야중거踏雪夜中去 082

3 젊은이들에게 보내는 시인의 편지

젊은이들에게 보내는 시인의 편지 084 + 스스로를 존경하라 086 + 책 087 + 지금 이 순간에 머물러라 088 + 섬 090 + 가장 아름다운 행동 091 + 인생과 함께 흘러가는 법 092 + 긍정적으로 생각하고 바라보라 094 + 유쾌한 것의 본질 097 + 무엇이 됐든 가장 좋은 것이 되어라 098 + 아침 식사 100 + 마음이 인색한 자 101 + 고뇌는 축복이다 102 + 취함을 경계하리 104 + 마음 비우기 105 + 자신의 배를 빈 배로 만들 수 있다면 106 + 나는 알게 되었다 108 + 인간은 정신적 존재이다 110 + 인생의 길은 하나다 112 + 새것을 도모하라 113 + 지금뿐이다 114 + 산다는 것의 의미 116 + 친구는 세 명이면 충분하다 118

4 나의 길을 가는 데 인생이 있다

어느 무신론자의 기도 2 120 + 오늘만은 이렇게 살자 122 + 신은 모든 것을 알고 있다 126 + 이끌어 주소서 127 + 우리가 지켜야 할 것들에 대하여 128 + 습관의 힘 130 + 욕망 131 + 무슨 일이든 여백을 남겨두어라 132 + 적극적으로 생각하고 행동하라 133 + 의미 있는 삶을 꾸려나가기 134 + 아름다운 삶의 협력자가 되라 136 + 덕德 137 + 자유롭고 편안한 상태에 이르는 법 138 + 자신에게 지나친 신뢰를 두지 마라 139 + 죽음의 공포에서 벗어나기 140 + 완전함을 추구하는 이유 141 + 세상을 바라보고 영혼을 바라본다 142 + 참된 생활로 인도하는 길 143 + 나의 길을 가는 데 인생이 있다 144

5 사랑받는 것처럼 사랑하라

꿈을 주는 사람 146 + 태양을 바라보고 살아라 148 + 세 가지 유혹을 이기는 법 149 + 모든 문제는 스스로 해결하라 150 + 악한 이의 중상모략을 두려워하지 마라 151 + 삶의 주인공이 되어라 152 + 희망으로 가득 찬 사람과 교류하라 153 + 지식의 힘 154 + 행복해지는 법 155 + 멋지게 나이 든다는 것은 156 + 공자孔子의 인생이란 157 + 인생이란 긴 여행이다 158 + 최상의 자산 159 + 승자勝者 160 + 신성한 본성本性 161 + 심성의 참 경지를 얻는 지혜 162 + 존 디마티니의 감사 163 + 감사와 고마움 164 + 너 자신을 믿어라 166 + 일하지 않는 사람 168 + 사랑받는 것처럼 사랑하라 169

6 운명의 화살이 빗발치듯 쏟아진다 해도

마음에 새기면 좋을 인생 20훈 172 + 아무에게도 적이 되지 않는 사람 175 + 나이 드는 것을 두려워하지 마라 176 + 이 세상은 책이다 178 + 행복과 불행 179 + 젊을 때 지성知性을 쌓아야 하는 이유 180 + 욕망으로부터 벗어나기 181 + 스스로를 낮추어라 182 + 자기로부터 벗어나라 183 + 인색한 사람 사악한 사람 184 + 지나간 것은 내버려 두어라 185 + 선행의 대가와 악행의 대가 186 + 최선으로 생각하고 행동하라 187 + 빈손 188 + 나무가 거대하게 잘 자랄 수 있는 것은 189 + 운명의 화살이 빗발치듯 쏟아진다 해도 190 + 언젠가를 위해 191 + 마음을 풍족하게 하기 192 + 감사하는 법을 배워라 193 + 허영심을 경계하라 194 + 몇 번이고 다시 그려라 195 + 인생의 중심 추 196

7 열정을 불러일으키는 평범한 생각

나무와 그림자 198 + 정신적인 부자가 되어야 하는 이유 199 + 하나에서 시작하라 200 + 진정한 사랑 201 + 온 마음을 다해 사랑의 활동을 하기 202 + 인생을 헛된 꿈이라고 생각지 마라 203 + 모든 원인은 자신의 내부에 있다 204 + 사랑을 하는 자가 갖춰야 할 첫 번째 조건 205 + 세상에 극복할 수 없는 문제란 없다 206 + 감정이 격해지지 않게 하라 207 + 똑똑함과 친절함 208 + 가장 나쁜 사람 209 + 레이건의 삶의 철학 210 + 열정을 불러일으키는 평범한 생각 211 + 사라 문의 신념 212 + 작은 일에도 전력을 다하라 213 + 이사도라 던컨의 발레에 대한 철학 214 + 낙관적인 태도 215 + 나이가 들면서 깨닫게 되는 것들 216 + 삶은 모험이다 218

8 우리의 삶은 삶에 갖는 태도에 따라 달라진다

새벽이 올 때까지 220 + 공기인간 221 + 탐험하고 꿈꾸며 발견하라 222 + 진리에 이르는 길은 단 하나이다 223 + 배움의 목적 224 + 진정한 여행의 목적 225 + 우리의 삶은 삶에 갖는 태도에 따라 달라진다 226 + 가장 큰 해를 끼치는 자 227 + 지고至高의 경지 228 + 생각은 인생의 소금이다 229 + 만일 당신이 모든 것을 사랑할 수 있다면 230 + 사랑은 사랑만으로도 충분한 것 231 + 사람은 누구나 만족스러운 삶을 꿈꾼다 232 + 진실도 때론 상처가 될 수 있다 234 + 타인의 경험으로부터 도움을 받는다는 것 235 + 유능한 선장은 어떻게 만들어지는가 236 + 현자의 품격 237 + 질투는 천 개의 눈을 가지고 있다 238

9 선택은 우리 자신의 몫이다

인생의 길이 240 + 선택은 우리 자신의 몫이다 241 + 침묵의 지혜 242 + 사랑의 본질 243 + 최선의 상책 244 + 성인의 도道 245 + 기도와 근로 246 + 마음의 평화 247 + 자신의 욕망에 따라 사물을 변화시켜라 248 + 이상은 태양과 같다 249 + 참다운 정열은 아름다운 꽃이다 250 + 영웅과 범인凡人 251 + 인생은 학교다 252 + 희망과 용기 253 + 독수리가 잘 나는 까닭은 254 + 하루도 일생이다 255 + 희망은 힘이며 용기는 의지에서 온다 256 + 이런 사랑 257 + 두려움과 존경심 258 + 본질적인 것은 눈에 보이지 않는다 259

10 고통은 정신의 양식이다

승리와 실패의 차이 262 + 촛불이 되거나 그것을 비추는 거울이 되거나 263 + 새물도 행복도 스스로 만들어라 264 + 말하는 대로 된다 265 + 레오나르도 다 빈치의 말 266 + 이해해야 할 대상 267 + 푸른 자유 268 + 인간이 환경을 만든다 270 + 베이컨의 논리 271 + 행복에는 날개가 있다 272 + 가장 값싸고 좋은 시간의 활용법 273 + 인생의 기술 274 + 사색의 힘 275 + 가까이에서 타인을 바라보라 276 + 말을 아끼되 꼭 필요한 말만 하라 277 + 용기를 잃는다는 것은 278 + 일에 열중하는 지혜 279 + 결단력의 정의 280 + 고통은 정신의 양식이다 281 + 알찬 성과를 얻는 법 282 + 인간을 이해하는 방법 283 + 아직 남아 있을 때 284 + 희망을 갖는다는 것 285 + 행복 속에서 살라 286 + 혼자 길에서 뒹구는 저 작은 돌은 287 + 행복의 비결 288 + 시련을 견디는 힘 289

수록자 명단 및 도서 목록 290

1

희망이라는 약

있는 그대로 바라보라

헨리 데이비드 소로

사물을 있는 그대로 내버려 두라.
그들에게 스스로 무게를 갖게 하라.

겨울날 아침,
단 하나의 사물이라도
있는 그대로 바라보는 데 성공한다면
비록 그것이 나무에 매달린 얼어붙은 사과
한 개에 불과하더라도 얼마나 큰 성과인가.

나는 그것이 어슴푸레한
우주를 밝힐 것이라고 생각한다.

얼마나 막대한 부를 우리는 발견할 것인가.
열린 눈을 가질 때 우리의 시야가 자유로워질 때,
신은 우리 앞에 모습을 드러낸다.

필요하다면 신조차도 홀로 내버려 두라.
신을 발견하고자 원한다면 그와 서로를
존중할 수 있는 거리를 두어야 한다.

신을 발견하는 것은,
그를 만나러 가고 있을 때가 아니라
그를 홀로 남겨두고 돌아설 때이다.

감자를 썩지 않게 보존하는 방법에 대해
당신의 생각은 해마다 바뀔지도 모른다.
그러나 영혼이 썩지 않게 하는 방법에 대해서는
수행을 계속하는 일 외에 내가 배운 것은 없다.

거울처럼 있으라

성 보나벤뚜라

나는 거울처럼 있어야 한다.
나 자신에 대해서도 다른 이들에 대해서도
거울은 자기 색깔을 갖고 있어선 안 된다.
자신이나 다른 사람들을
본래 모습대로 비춰 줄 수 없기 때문이다.

자기 색깔이 없기 때문에
거울이 스스로 다른 무엇인가를
바꾸려고 덤비지 않으며 덤벼서도 안 된다.
나는 거울 속에 비친 나를 보며
저절로 변화되어 갈 것이다.

다른 사람들도 마찬가지다.
내가 그저 홀로 향기롭게 가만히 있으면
내 거울에 비친 자신들을 보며
저절로 변화되어 갈 것이다.
서로가 서로에게 서로가 서로를 위해서

이렇게 거울로 있으면 족하다.
비춰주고 비춰지는 가운데 저절로 변화되어 갈 것이다.

나 자신을 변화시켜야 한다는
다른 사람들을 변화시켜야 한다는
이 사회를 변화시켜야 한다는 그 족쇄가 풀릴 때
비로소 기쁨과 평화를 누릴 것이다.

예수가 거울처럼 있자,
누구는 넘어지고 누구는 일어났다.

참견하지 말고 가만히 지켜보라

알프레드 아들러

모든 인간관계의 문제는
다른 이의 참견 때문에 발생한다.
부모 자식뿐 아니라 친구끼리,
상사와 부하 사이도 마찬가지다.
다른 이의 과제에 뛰어들어서는 안 된다.
우리가 할 수 있는 것은 응원뿐이다.
만약 아이가 공부를 하지 않겠다고 말하면
응원할 준비가 되어 있다고만 전한다.
우리가 할 수 있는
유일한 일은 가만히 지켜보는 것이다.

생활이란 현실에서 도피하지 말라

데일 카네기

인간의 성격 중에서
가장 비극적인 것 중의 하나는
우리가 생활에서 도피하려고 하는 것이다.

우리는 모두
지평선 저쪽 마법의 장미원을 꿈꾸고,
오늘 자기 집 창밖에 피어 있는
장미를 즐기려고 하지 않는다.

어째서 우리는
이렇게 어리석단 말인가.
어째서 우리는
이렇게 비극적인 바보란 말인가.

인생의 의무

헤르만 헤세

인생에 주어진 의무는 다른 것 아무것도 없다.
그저 행복하려는 한 가지 의무뿐
우리는 행복하기 위해 세상에 왔다.

그런데도 그 온갖 도덕 온갖 계명을 갖고서도
사람들은 그다지 행복하지 못하다.
그것은 사람들 스스로 행복을 만들지 않는 까닭이니
인간은 선을 행하는 한 누구나 행복에 이른다.

스스로 행복하고 마음속에서 조화를 찾는 한,
그러니까 사랑을 하는 한, 사랑은 유일한 가르침
세상이 우리에게 물려준 단 하나의 교훈이다.

예수도, 부처도, 공자도 그렇게 가르쳤다.
모든 인간에게 세상에서 한 가지 중요한 것은
그의 가장 깊은 곳 그의 영혼, 그의 사랑하는 능력이다.

보리죽을 먹든 맛있는 빵을 먹든
누더기를 걸치든 보석을 휘감든
사랑하는 능력이 살아 있는 한,
세상은 순수한 영혼의 화음을 울렸고
언제나 좋은 세상 옳은 세상이었다.

세상을 만드신 당신께

박경리

당신께서는 언제나
바늘구멍만큼 열어주셨습니다.
그렇지 않았다면
어떻게 살았겠습니까.

이제는 안 되겠다
싶었을 때도
당신이 열어주실
틈새를 믿었습니다.
달콤하게
어리광 부리는 마음으로

어쩌면 나는
늘 행복했는지
행복했을 것입니다.
목마르지 않게
천수天水를 주시던 당신
삶은 참 아름다웠습니다.

멀리서 찾지 말라,
길은 가까운 곳에 있다

맹자

길은 가까운 곳에 있다.

그런데 사람들은
헛되게도 멀리서 찾고 있다.

일은 해보면 쉬운 것이다.

시작을 하지 않고
미리 어렵게만 생각하고 있기 때문에
할 수 있는 일도 놓치는 것이나.

그래도 하라

인도 콜카타 어린이집 '쉬슈 브하반' 벽에 있는 글

사람들은 불합리하고
비논리적이고 비합리적이다.
그래도 사랑하라.
당신이 선한 일을 하면
이기적인 동기에서 하는 거라고 비난할 것이다.
그래도 좋은 일을 하라.
당신이 성공하면
거짓 친구들과 참된 친구들을 만날 것이다.
그래도 성공하라.
오늘 당신이 선을 행하면
내일은 잊혀질 것이다,
그래도 선을 행하라.
당신이 정직하고 솔직하면 상처받을 것이다.
그래도 정직하고 솔직하라.

당신이 여러 해 동안 공들여 만든 것이
하룻밤 사이에 무너질지도 모른다.
그래도 만들어라.
사람들은 도움이 필요하면서도
도와주면 공격할지도 모른다.
그래도 도와줘라.
세상에서 가장 좋은 것을 주면
당신은 발길로 차일지도 모른다.
그래도 가진 것 중에서
가장 좋은 것을 세상에 주어라.

인생이라는 바다를 건너는 법

존 G. 휘티어

인생이라는 바다에
큰 폭풍우가 몰아칠 때
안전한 해변에서
하나님이 구원해주시지 않을까
가만히 기다리지 말고
몸과 마음을 다해 힘껏 헤쳐 나가라.
칼바람이 불어와 바늘처럼 살을 찌를 때
두꺼운 옷으로 온몸을 가려
그 신성한 힘,
그 신성한 목적을 무시하지 말고
온 신경을 곤두세우며 견뎌내라.

행운은 눈이 멀지 않았다

조르주 클레망소

행운은
눈이 멀지 않았다.

행운은 부지런하고 성실한
사람을 찾아간다.

앉아서 기다리는 사람에게는
영원히 찾아오지 않는다.

걷는 사람만이
앞으로 나아갈 수 있다.

노력하는 사람에게 행운이 찾아온다.

가슴 뛰는 삶

다릴 앙카

가슴 뛰는 일을 하라.
그것이 당신이
이 세상에 온 이유이자 목적이다.

그리고 그런 삶을 사는 것이 실제로
가능하다는 사실을 당신은 깨달을 필요가 있다.
자신이 원하는 방향으로 삶을
이끌어 나가는 힘이 누구에게나 있다.
두려움을 믿는 사람은
자신의 삶도 두려움으로 가득 차게 만든다.

사랑과 빛을 믿는
사람은 오직 사랑과 빛만을 체험한다.
당신이 체험하는 물리적 현상은
당신이 무엇을 믿고 있는가에 따라 결정된다.
충분히 자신의 모든 부분을 살아가는 일,
그리고 자기 존재가
이미 완전하다는 것을 깨닫는 일,

지금 당신에게 필요한 것은 그것이다.
삶은 당신이 생각하는 것보다 훨씬 단순하다.
진정으로 가슴 뛰는 일을 하고 있다면
모든 것이 당신에게 주어질 것이다.
우주는 무의미한 일을 창조하지 않기 때문이다.
당신이 가슴 뛰는 삶을 살 때
우주는 그 일을 최대한 도와줄 것이다.
이것이 우주의 기본 법칙이다.

성공이란

랠프 왈도 에머슨

자주 그리고 많이 웃는 것.
현명한 삶들로부터 존경받는 것.
아이들의 호감을 사는 것.
솔직한 비평가들의 인정을 받는 것.
미덥지 못한 친구들의 배반을 참아내는 것.
아름다움을 식별할 줄 아는 것.
다른 사람에게서 최선의 것을 발견하는 것.

건강한 아이를 낳든
한 뙈기의 정원을 가꾸든
사회 환경을 개선하든 간에
세상을 자기가 태어나기 전보다
조금이라도 더 살기 좋은 곳으로 만드는 것.

자신이 살았었기에
단 한 사람이라도 좀 더
마음 놓고 살아간다는 사실을 아는 것.
이것이 성공이다.

나무

알프레드 조이스 킬머

나무처럼 아름다운 시를
정녕 볼 수 없으리.

대지의 감미로운 젖이 흐르는 가슴에
주린 입술을 대고 서 있는 나무.

온종일 하나님을 우러러보며
잎이 우거진 팔을 들어 기도하는 나무.

여름이면 머리칼 속에
울새의 보금자리를 지니는 나무.

그 가슴 위로는 눈이 내리고
비와 정답게 사는 나무.

시는 나처럼 어리석은 자가 짓지만
나무는 오직 하나님이 만드신다.

고요함의 지혜

에크하르트 톨레

나무를 보라.
꽃과 풀을 보라.
당신의 맑은 마음을
그 위에 살며시 올려놓아라.

나무는 얼마나 고요한가.
꽃은 얼마나
생명 속에 깊이 뿌리내리고 있는가.
자연에서 고요함을 배워라.

나무를 바라보며
내 안에 고요함을 인식할 때
나도 고요해진다.
나는 깊은 차원으로 나무와 연결된다.

고요함 속에서
그리고 고요함을 통해서 인식한
모든 것과 나는 하나가 되었음을 느낀다.

그렇게 세상 만물과 내가
하나임을 느끼는 것이 참사랑이다.

삶의 신비를 풀게 될 것이다

제임스 앨런

네가 순수해지면,
삶의 신비를 풀게 될 것이다.
나는 진리 안에 머물고
진리는 내 안에 머물게 되리라.

내 마음이 순수해질 때,
나는 안전하고 분별력을 지니며
완전히 자유로워지리라.

조화의 원리, 정의, 또는 신성한 사랑을 발견하면
모든 것이 있는 그대로의 모습으로 보인다.
착각을 일으키는 이기심과 의견의 매개 없이
바로 볼 수 있기 때문이다.

있는 그대로의 모습으로 보면,
세계 전체가 하나의 존재이며
세계의 모든 다양한 작용들은
단일 법칙의 현실인 것이다.

반드시 있어야 할 존재가 되게 하라

김옥림

누군가에게 필요한 사람이 되고
이 사회에 쓸모 있는 사람이 되라.

네가 있음으로 그 사람이 잘 되고
네가 함께 함으로써 그 자리가 빛나게 하라.

누군가가 너와 함께 함을 기쁨이 되게 하고
네가 속한 사회가 너로 인해 충만하게 하라.

네가 서 있는 자리에 행복의 꽃이 피게 하고
네가 하는 말마다 사랑의 향기가 되게 하라.

그리하여 이르고 이르노니,

어디를 가든 스스로를 덕이 되게 하고
어디서든 반드시 있어야 할 존재가 되게 하라.

인생의 법칙

조지 맬러리

인생의 변하지 않는 법칙은
보이지 않는 것이 보이는 것을
만들어낸다는 사실이다.

그 원인은 항상 숨기어져 있으며
다만 그 결과만이 눈에 드러날 따름이다.

보이지 않는 것을 믿는다는 것은
모든 드러나지 않은
힘을 믿는다는 뜻이기도 하다.

그에 비해 보이는 것만 받아들이는 것은
무익하고 일시적이며
헛된 수고에 지나지 않는다.

삶

시애틀 추장

인간은 삶이라는
거미줄을 짜는 거미가 아니라,
그 거미줄을 이루는
한 올의 줄일 뿐이다.

인간이 거미줄에 하는 짓은
모두
그 자신에게 하는 짓이다.

이 순간 행복하라

루신다 바디

이 순간 행복하십시오.
그것으로 족합니다.
우리에게 필요한 것은 매 순간이지
그 이상이 아닙니다.
지금 행복하십시오.
그리고 당신이 가난한 사람을 포함하여
타인을 사랑한다는 것을
행동으로 보여 준다면
그들은 행복해질 것입니다.
그렇게 하는 데 엄청난 수고가
드는 것은 아닙니다.
그저 미소만 지어도 될 때가 있습니다.
모든 사람이 웃을 수 있다면
세상은 훨씬 살기 좋은 곳이 될 것입니다.
웃으십시오.
기뻐하십시오.
쾌활하게 지내십시오.

내가 인생을
다시 한번 걷게 된다면

윈스턴 처칠

내가 인생을

다시 한번 걷게 된다면

나의 제2의 인생은

제1의 인생과

별 차이가 없을 것이다.

시간을 가져라

콜카타 어린이집 표지판 글

생각할 시간을 가져라.
기도할 시간을 가져라.
웃는 시간을 가져라.

그것은 힘의 원천이다.
그것은 세상에서 가장 큰 힘이다.
그것은 영혼의 음악이다.

놀 시간을 가져라.
사랑하고 사랑받는 시간을 가져라.
남에게 주는 시간을 가져라.

그것은 영원한 젊음의 비밀이다.
그것은 하나님께서 주신 특권이다.
이기적이 되기에는 하루가 너무 짧다.

독서할 시간을 가져라.
다정하게 될 시간을 가져라.
일할 시간을 가져라.

그것은 지혜의 원천이다.
그것은 행복에 이르는 길이다.
그것은 성공의 대가다.

자선할 시간을 가져라.
그것은 하나님 나라에 이르는 길이다.

인간의 품격

<u>윌리엄 셰익스피어</u>

힘들 때 우는 건 삼류다.
힘들 때 참는 건 이류다.
하지만 힘들 때 웃는 건 일류다.

꽃에 향기가 있듯이 사람에게는 품격이 있다.
그러나 신선하지 못한 향기가 있듯이
사람도 마음이 밝지 못하면
자신의 품격을 지키기 어렵다.

썩은 백합꽃은 잡초보다 그 냄새가 고약한 법이다.

두 가지의 행복

임마누엘 칸트

정신적인 행복은 두 가지로 나뉜다.
하나는 만족을 느끼며 평화롭게 사는 것이고,
다른 하나는 즐겁고 유쾌하게 사는 것이다.

첫 번째 행복에서
인간은 일어나는 모든 일에 동요하지 않고,
물질적 풍요로움의
부질없음을 분명하게 느낀다.

또한 두 번째 행복은
자연스러운 아이다움으로 돌아가
자연에서 느끼는 선물과도 같은 것이다.

진실을 전하는 유일한 방법

헨리 데이비드 소로

진실을 전하기 위해서는
두 사람이 필요하다.
하나는 그것을 말하는 사람이며,
또 하나는 그것을 듣는 사람이다.
진실을 전하는 유일한 방법은
사랑을 담아 말하는 것이다.
사랑이 담겨 있는 말만이 호소력을 갖는다.
명분만을 앞세운 말은
사람을 불편하게 한다.

삶이 그대를 속이더라도

알렉산드르 푸시킨

삶이 그대를 속이더라도
슬퍼하거나 노하지 말라.
실의의 날엔 마음을 가다듬고
자신을 믿으라. 이제 곧 기쁨이 올지니

마음은 내일에 사는 것.
오늘이 비참하다 해도
모든 것은
한순간에 지나가버린다.
그리고 지나간 것
그것은 그리워지는 것.

근면은 행운의 어머니이다

벤저민 프랭클린

근면은 행운의 어머니이며,
하나님은 모든 것에
근면한 자에게 주시는 분이다.

오늘이라 불리는 동안 일하라.

내일 얼마나 많은 일에 방해를 받을지
당신은 알 수 없기 때문이다.

오늘 하나는
내일 두 개의 가치가 있다.

오늘 할 수 있는 일을
내일까지 절대 미루지 마라.

그런 것은 중요하지 않다

사무엘 울만

머리가
하얗게 덮이더라도
그런 것은 중요치 않다.

만일,
당신의 가슴과
생각이 젊다면.

만일,
당신의 영혼에 빛이 있고
당신의 혀에 노래가 있다면.

2

꽃은 자신을
아름답다 하지 않는다

꽃은 자신을 아름답다 하지 않는다

김옥림

꽃은
자기가 아름답다고
결코 말하지 않습니다.

꽃은
자기를 보아주지 않아도
결코 슬퍼하거나
분노하지 않습니다.

꽃은
자기에게
향기로운 가슴이 있다고
결코 내보이지도 않습니다.

꽃은
있는 그대로의 모습으로
즐거움을 주고
기쁨이 되고
사랑이 됩니다.

꽃이 아름다운 이유는
꽃은
꽃 그 이상도 그 이하도
결코 바라지 않기 때문입니다.

나에게는 꿈이 있다

마틴 루터 킹

나는 지금 꿈을 가지고 있다.
인간이 모두 형제가 되는 꿈이다.

나는 이런 신념을 가지고 나서서
절망의 산에다 희망의 터널을 뚫겠다.

나는 이런 신념을 가지고
여러분들과 함께 나서서
어둠의 어제를 밝음의 내일로 바꾸겠다.

우리는 이런 신념을 가지고
새날을 만들어낼 수 있다.

있는 그대로 받아들여라

성 프란시스

뜨겁다고 푸념하고 괴로워하지 마라.
가난하다고 고통으로 생각하고 슬퍼하지 마라.
뜨겁더라도 뜨겁다고 괴로워하는
마음을 없애면 절로 시원한 바람이 분다.
뜨겁다고 괴로워한다고
뜨거운 것이 시원해지지 않는다.
가난하다고 슬퍼하기로
가난한 것이 없어지지 않는다.
슬퍼하지만 않는다면 가난한 것도 즐겁다.
보라, 신이 만드는 이 샘물가에서 얻은
한 모금의 물과 자비심 있는 사람에게서 얻은
한쪽 빵과 그리고 별이 반짝이는 하늘을
천정으로 삼은 이 잠자리 외에는
아무것도 가진 것이 없다는 그것의 즐거움을 알라.

주어진 상황을 즐겨라

드라고스 로우아

즐겨라.
어떠한 상황에서도 즐거움을 끌어내라.
심지어 나쁜 상황에서도,
아니, 특히 나쁜 상황에 처했을 때
즐거움을 끌어내라.
즐거움은 어디에나 있다.
스스로를 통해 즐거움이 발현되도록 해야 한다.
즐거움에 저항하거나 거부하지 말라.
큰 슬픔에 처해도 즐거움을 위한 여유는 있다.
살아 있지 않다면
슬픔 또한 경험할 수 없지 않겠는가?
인생이 제공하는 모든 것과 함께
자신의 인생을 즐겨라.
행복뿐만 아니라, 슬픔도 즐겨라.
성공뿐만 아니라, 실패도 즐겨라.
새로운 관계뿐만 아니라, 이별도 즐겨라.
즐겁지 않은 삶의 교훈조차 즐겨라.

스스로를 다스리기

바바 하리 다스

마음을 고요하고
안정된 흐름 속으로 흘러가게 하라.

욕망에 넘어가지 말고
욕망을 지배하는 사람이 되라.

혀를 다스릴 수 있는 사람은
마음을 다스릴 수 있나니,

마음을 다스리는 사람은
행동을 또한 다스릴 수 있느니라.

행동을 다스리는 사람은
스스로를 다스릴 수 있나니,

스스로를 다스리는 사람은
또한 진실하고 영원한
깨달음의 빛으로 들어갈 수 있느니라.

모든 일에
뛰어날 필요는 없다

발타자르 그라시안

탁월한 능력을 가진 자는
자신의 능력을 과신하다가 곧잘 함정에 빠진다.
많은 분야의 다양한 일에 걸쳐 능력을 뽐내다가
사람들의 반감을 사고 마는 것이다.

어떤 일에도
쓸모없는 사람이 되는 것도 불행이지만,
모든 일을 다
잘해내려고 하는 것 역시 불행을 불러온다.

혹여 인생의 한순간 자신의 욕심만큼
많은 일을 일구어냈다 해도,
제풀에 지쳐 쓰러지면 한꺼번에
많은 것을 잃게 되어 그를 추켜세우며 찬탄하던
이들에게서조차 외면당하기도 한다.

그렇게 모든
능력을 탕진한 후 그에게 남는 것은
가치 높은 평가가 아니라 익숙지 않은 홀대뿐이다.
이와 같은 극단적인 상황을 피하기 위해서는
명성을 얻고 있을 때
절제하며 분수를 지킬 줄도 알아야 한다.

지나치게 많은 것을 추구하려고 발버둥치고 있다면
그리고 그것을 많은 사람들 앞에서 과시하고 있다면
겸허한 마음으로 행동에 브레이크를 걸어야 한다.

사람과 돈

크리족 인디언 예언자

마지막 남은 나무가
베어진 뒤에야,
마지막 남은 강물이
오염된 뒤에야,
마지막 남은 물고기가
붙잡힌 뒤에야,
그제야 그대들은 깨닫게 되리라.
사람은 돈을 먹고살 수 없다는 사실을.

당신은 사랑입니다

라빈드라나드 타고르

나의 존재를 조금만 남겨 주십시오.
그 존재에 의해 당신을
나의 모든 것이라고 부를 수 있도록.
나의 의지를 조금만 남겨 주십시오.
그 의지에 의해
나는 어디에나 있는 당신을 느끼고,
모든 것 속에서 당신을 만나고,
어느 순간에도 당신에게 사랑을 바칠 수 있도록.
나의 존재를 조금만 남겨 주십시오.
그 존재에 의해 내가 당신을 숨기는 일이 없도록.
나의 사슬을 조금만 남겨 주십시오.
그 사슬에 의해
나는 당신과 영원히 연결되어 있습니다.
당신의 뜻은 나의 생명 속에서 이루어집니다.
그것이 바로 당신의 사랑입니다.

삶을 제대로 즐겨라

막심 고리키

우리는 노래를 즐겨 부르지.
삶을 제대로 즐길 줄 아는 이들,
아름다운 이들만이
진짜 노래를 할 수 있는 법이지.

저기서 노래하는 사람들도
피곤하긴 마찬가지야.
그러나 하루 종일 일을 하고도
달이 뜨면 저렇게 모여 앉아
즐겁게 노래를 하는 거지.

삶을 모르는 사람들은
누워서 잠을 자겠지만
삶을 제대로 이해하고 즐기는 사람들은
저렇게 노래를 하는 거지.

오늘은 실패해도
내일은 성공할 수 있다

세르반테스

운명은 항상
너를 위해서보다,

더 훌륭한
성공을 준비하고 있다.

그러므로
오늘 실패한 사람도
내일은 성공할 수 있다.

행복한 삶

헨리 데이비드 소로

행복한 삶이란
나 이외의 것들에게
따스한 눈길을 보내는 것이다.

우리가 바라보는 밤하늘의 별은
식어버린 불꽃이나
어둠 속에 응고된 돌멩이가 아니다.
별을 별로 바라볼 수 있을 때,
발에 채인
돌멩이의 아픔을 어루만져 줄 수 있을 때,
자신이 잃어버린 것이 무엇인지 깨달았을 때,
비로소 행복은 시작된다.

사소한 행복이 우리의 삶을 아름답게 만든다.
하루 한 시간 행복과 바꿀 수 있는 것은
이 세상에 아무것도 없다.

무명도 無名島

이생진

저 섬에서
한 달만 살자.
저 섬에서
한 달만
뜬눈으로 살자.
저 섬에서
한 달만
그리운 것이
없어질 때까지
뜬눈으로 살자.

좋은 나무 같은 사람

에이브러햄 링컨

인격이 나무라면
평판은 그 그림자와 같다.

우리가
나무에 대해
생각하는 바가 그림자라면,

나무는
실제 모습인 것이다.

진정한 삶의 의미

조지 워싱턴

삶의 진정한 의미는

언제 죽느냐가 아니라

살아 있는 동안

얼마나 많은 일을

할 수 있느냐에 달려있다.

생동감 넘치는
삶을 살아라

오쇼 라즈니쉬

삶을 즐겁고 편하게 대하라.
삶을 느긋하게 대하라.
불필요한 문제를 만들어내지 말라.
그대가 가진 문제의 구십구 퍼센트는
삶을 심각하게 대하기 때문에 생긴 것이다.
심각함이 모든 문제의 뿌리다.

밝고 유쾌하게 살라.
밝게 산다고 해서 놓치는 것은 없을 것이다.
삶이 곧 신이다.
그러나 하늘 어딘가에 앉아 있는 신은 잊어라.

활기차게 살라.
생동감으로 넘치는 삶을 살라.
마치 이 순간이 마지막인 것처럼 매 순간을 살라.

강렬하게 살라.
그대 삶의 횃불이 활활 타오르게 하라.
단 한순간만 그렇게 산다 해도 그것으로 충분하다.

강렬하고 전체적인 한순간이
그대에게 신의 맛을 보여주기에 충분하다.
투명하고 전체적인 한순간,
즉흥적이고 자발적인 한순간을 살라.
후회나 미련이 남지 않도록 강렬하게 살라.

내 영혼이
나에게 충고했네

칼릴 지브란

내 영혼이 나에게 충고했네.
형태와 색채 뒤에 숨겨진 아름다움을 보라고.
또한 추해 보이는 모든 것이
사랑스럽게 보일 때까지 잘 살펴보라고.

내 영혼이 이렇게 충고하기 전에는
아름다움을 연기 기둥 사이에서
흔들이는 횃불과 같다고 생각했지만
이제 연기는 사라져 없어지고
불타고 있는 모습만을 볼 뿐이라네.

내 영혼이 나에게 충고했네.
혀끝도 목청도 아닌 곳에서 울려 나오는
목소리에 귀 기울이라고.
그날 이전에는 나의 귀가 둔하여
크고 우렁찬 소리밖에는 듣지 못했네.

그러나 이제 침묵에 귀 기울이는 법을 배웠으니
시간과 우주를 찬송하며
영원의 비밀을 드러내는 침묵의 합창을 듣는다네.

당신은
소중한 사람

카렌 케이시

누군가가 우리에게
고개를 한 번 끄덕여 주는 것만으로도
우리는 미소 지을 수 있고
또 언젠가 실패했던 일에
다시 도전해볼 수도 있는 용기를 얻게 되듯이
소중한 누군가가
우리 마음 한구석에 자리 잡고 있을 때
우리는 그 어느 때보다도 밝게 빛나며 활기를 띠고
자신의 일을 쉽게 성취해나갈 수 있습니다.
우리는 누구나 소중한 사람을 필요로 합니다.

또한 우리들 스스로도 우리가 같은 길을
가고 있는 소중한 사람이라는 걸 잊어서는 안 되겠지요.

우리가 누군가에게
소중한 사람이라는 걸 알고 있을 때
어떤 일에서든 두려움을 극복해낼 수 있듯이
어느 날 갑작스레 찾아든 외로움은
우리가 누군가의 사랑을 느낄 때
사라지게 됩니다.

그 맛이 사람을 현혹시킨다

레프 N. 톨스토이

육체를 좀먹는 독약과
정신을 망치는 독약은 차이가 있다.

육체를 좀먹는 독약은
대부분 그 맛이 쓰고 불쾌하지만
정신에 해를 끼치는 독약은
그 맛이 곧잘 사람을 현혹시킨다.

사악한 것은
항상 매혹적인 모습으로 다가온다.

행복의 파랑새

알랭

당신이 웃으면 세상도 웃는다.
그러나 당신이 울면 당신은 혼자다.
크게 한 번 웃어보라.

가장 행복한 사람이
거기 있음을 알게 될 것이다.

행복을 이웃집 담 너머에서
찾는 것은 가장 어리석은 일이다.

행복의 파랑새는
모든 사람이
자신의 마음속에서 찾아야 한다.

해가 떴는데도
눈을 감고 있으면 어두운 밤과 같다.

문제 그 자체를
사랑하라

라이너 마리아 릴케

모든 시작에 앞서
가슴에서 풀리지 않는 것들에 대해
항상 인내하라.

또 잠겨 있는 방이나
어려운 외국어로 된 책을 대하듯
문제 그 자체를 사랑하라.

지금 당장 해답을 얻고자 서두르지 마라.
문제에 대한 해답은
문제와 함께 주어지지 않기 때문이다.
따라서 문제를 해결하는 가장 좋은 방법은
모든 문제들과 함께 숨 쉬는 것이다.

지금 당장 그대 앞에 문제들과 함께 숨 쉬어라.
그러면 언젠가 자신도 모르는 사이에
문제의 답이 그대에게 주어져 있음을 깨닫게 될 것이다.

항상 시작하는 자세로,
시작하는 사람으로 살아가라.

아들에게
전하는 말

샘 레벤슨

아름다운 입술을
갖고 싶으면 친절한 말을 하라.
사랑스런 눈을 갖고 싶으면
사람들에게서 좋은 점을 보아라.
날씬한 몸매를 갖고 싶으면
너의 음식을 배고픈 사람과 나누어라.
아름다운 머리카락을 갖고 싶으면 하루에 한 번
어린이가 손가락으로 너의 머리를 쓰다듬게 하라.
아름다운 자세를 갖고 싶다면
결코 너 혼자 걷고 있지 않음을 명심하라.
사람들은 상처로부터 복구되어야 하며,
낡은 것으로부터 새로워져야 하고,
병으로부터 회복되어져야 하고,
무지함으로부터 교화되어야 하며,
고통으로부터 구원받고 또 구원받아야 한다.
결코 누구도 버려서는 안 된다.

기억하라.
만약 도움의 손이 필요하다면
너의 팔 끝에 있는 손을 이용하면 된다.
네가 더 나이가 들면 손이 두 개라는 걸 발견하게 된다.
한 손은 너 자신을 돕는 손이고,
다른 한 손은 다른 사람을 돕는 손이다.

오드리 헵번이 두 아들에게 들려준
샘 레벤슨의 시 〈세월이 일러주는 아름다움의 비결〉

침묵의 소리

클라크 몬스타카스

존재의 언어로 이야기하자.
부딪침과 느낌과 직감으로

나는 그대를 정의하거나 분류할 필요가 없다.
그대를 겉으로만 알고 싶지 않기에
침묵 속에서 나의 가슴은
그대의 아름다움을 반사해준다.
그것만으로도 충분하다.

소유의 욕망을 넘어
그대를 만나고 싶은 마음
이 마음은
있는 그대로의 우리를 허용해준다.

함께 흘러가거나
홀로 머물거나 자유다.

나는 시간과 공간을 초월해
그대를 느낄 수 있으므로

사랑의 영원한 가치로서
우리의 덧없는 존재를 긍정하고 싶다.

답설야중거 踏雪夜中去

작자 미상

답설야중거 踏雪野中去
불수호란행 不須胡亂行
금일아행적 今日我行跡
수작후인정 遂作後人程

눈 내린 들판을 걸어갈 땐
발걸음을 함부로 어지러이 걷지 마라.
오늘 내가 걸어간 발자국은
반드시 뒷사람의 이정표가 될지니라.

3

젊은이들에게 보내는
시인의 편지

젊은이들에게 보내는 시인의 편지

김옥림

오늘은 하는 일마다 브레이크가 걸려도
내일은 하는 일마다 술술 잘 풀릴 것이다.

오늘은 슬프고 괴로운 일이 있어도
내일은 활짝 웃으며 크게 웃게 될 것이다.

오늘은 꽉 막힌 듯 답답하여도
내일은 속이 뻥 뚫린 듯 속 시원한 날이 될 것이다.

오늘은 숨 막히게 죽을 만큼 힘들어도
내일은 언제 그랬느냐는 듯 기쁜 일이 있을 것이다.

오늘은 열심히 했는데 만족하지 못할지라도
내일은 뜻하지 않는 일로 만족하게 될 것이다.

비록, 내가 바라는 것들이 이뤄지지 않는다 해도
오늘 최선을 다했으므로 그것만으로도
충분히 인생을 잘 살고 있다는 방증이리니,

오늘을 즐기며 살되 스스로에게 당당한 인생이 되어라.

스스로를 존경하라

프리드리히 니체

자신을 존경하는 것부터 시작하라.
아직 아무것도 시작하지 않은 자신을
아직 아무런 성과를 내지 못한 자신을
인간으로서 존경하라.
자신을 존경하면
악한 일은 결코 행하지 않는다.
인간으로서 손가락질당할
행동 따위는 하지 않게 된다.
그렇게 자신을 변화시키고
이상에 차츰 다가가다 보면 어느 사이엔가
타인의 본보기가 되는 인간으로 완성되어 간다.
자신의 인생을 완성시키기 위해서는
가장 먼저 스스로를 존경하고 존중하라.

책

아놀드 베넷

책은

인생이라는 험한 바다를
항해하는 데 도움이 되도록
남들이 마련해준,

나침반이며
망원경이며 지도이다.

지금 이 순간에
머물러라

틱낫한

지금 이 순간에 온전히 머물 때,
당신은 후회나 불안에
끌려다니지 않을 수 있습니다.

깨어있는 마음으로 걷는 한 걸음 한 걸음은
우리의 행복을 키워주는 봄비 같은 것입니다.
걷고 먹는 것은 우리가 매일 하는 일상입니다.

그러나 대부분의 사람들은 걸을 때
온 마음을 다해 걷지 않습니다.
일과 걱정에 온 마음을 빼앗겨버리니까요.
그래서 사람들은 자유롭지 못합니다.

걸을 땐 깨어있는 마음으로 걸으십시오.
깨어있는 마음만 있다면 당신은
이제 과거를 후회할 필요가 없습니다.

깨어있는 마음을 사랑하는
사람들과 진정으로 볼 수 있게 해주고,
그들을 마음으로 받아들일 수 있게 해줍니다.
이것이 바로 우리를 진정으로
살아 있게 하는 힘이며 행복하게 하는 힘입니다.

섬

조병화

섬은
그리움을 갖게 하는 거리에 있어 좋다.

섬은
그리움을 이어주는 거리에 있어 좋다.

섬은
그렇게 가고 싶은 거리에 있어 좋다.

사람이 사는지, 누가 사는지
무어가 있는지, 그건 몰라도

섬은, 항상
그리움이 어려 있어 좋다.

가장 아름다운 행동

아나톨 프랑스

이 세상의
참다운 행복은
남에게서 받는 것이 아니라,

내가 남에게 주는 것이다.

그것이 물질적인 것이든
정신적인 것이든,

인간에게 있어서
가장 아름다운 행동이기 때문이다.

인생과 함께
흘러가는 법

바바라 골든

인생은 과정의 연속이다.
인생을 사는 동안
때로는 남들에게 주목을 받기도 하고,
자신의 삶을 축하하는 시기를 갖기도 한다.

인간은 이런 변화와 경험으로 인해
자신이 현재 어떤 위치에 있는지 생각하게 된다.

어른이 되는 과정은 더 특별한 의미가 있다.
영원히 어린이로 남을 수 있는 사람은 아무도 없다.
완전한 인간이 되기 위해서는 반드시 직면하고
맞서야만 하는 책임들이 있기 때문이다.

과정의 관례를 거부하며 모든 책임에서
벗어날 수도 있지만 그것은
완전한 사람을 거부하는 것과 같다.

인생은 정체되어 있지 않고 계속 흘러가며
우리는 그 흐름을 멈추게 할 수 없다.
매 순간 같은 장소로만
흘러갈 수 없는 강물과도 같은 것이다.

그러므로 우리는 인생과 함께
흘러가는 법을 배워야 하며 삶의 흐름을
막는 것들을 현명하게 피할 줄 알아야 한다.

긍정적으로 생각하고 바라보라

헬렌 켈러

최근에 나는 한참 동안
숲속을 산책하고 방금 돌아온 친구에게
무엇을 보았냐고 물어본 적이 있다.
그녀는 "별로 특별한 게 없었어" 하고 말했다.

한 시간 동안이나 숲속을 산책하면서
아무것도
주목할 만한 것이 없다니 그럴 수가 있을까.

나는 스스로에게 물어보았다.
아무것도
볼 수가 없는 나는 단지 감촉을 통해서도
나를 흥미롭게 해주는 수많은 것을 발견한다.

나는 잎사귀
하나에서도 정교한 대칭미를 느낀다.
은빛 자작나무의 부드러운 표피를 사랑스러운 듯
어루만지기도 하고 소나무의 거칠고 울퉁불퉁한

나무껍질을 더듬어 보기도 한다.

때때로 이러한 모든 것들을
보고 싶은 열망에 내 가슴은 터질 것만 같다.

단지 감촉을 통해서도 이처럼 많은
기쁨을 얻을 수 있는데 볼 수만 있다면 얼마나
더 많은 아름다움을 발견할 수 있을까.

내일이면 눈이 멀지도 모른다는
생각으로 당신의 눈을 사용하라.

내일이면
귀가 멀게 될 사람처럼 음악을 감상하고,
새들의 노랫소리를 듣고,
오케스트라의 멋진 하모니를 음미하라.

내일이면 다시는
냄새도 맛도 느끼지 못하는 사람처럼
꽃들의 향기를 맡아보고,
온갖 음식을 한 스푼 두 스푼 맛보도록 하라.

유쾌한 것의 본질

아리스토텔레스

참고 견디는 것이 아니라
자진해서 하는 것
이것이 유쾌한 것의 본질이다.

그러나 사탕이나 과자는 입 속에서
녹이기만 하면 맛이 있듯이 많은 사람들은
그것과 마찬가지 방법으로 행복을 맛보려다 실패했다.

음악은 듣기만 하고
스스로 노래하지 않으면 별로 재미가 없다.
그래서 어떤 사람들은 음악이 귀가 아닌
목청으로 맛보는 것이라고 말했다.

아름다운 그림도
그 즐거움은 제 손으로 색칠을 한다든가
수집을 하지 않으면 그다지 재미를 모른다.
때문에 인간의 행복은
그저 탐구하고 정복하는 데 있다.

무엇이 됐든
가장 좋은 것이 되어라

더글러스 매록

만일 그대가
언덕 위에 소나무가 될 수 없다면,
골짜기의 땔감 나무가 되라.
그러나 개천가의 가장 아름다운 나무가 되라.
관목이 되라,
만일 나무가 될 수 없다면.

만일 관목이 될 수 없다면,
작은 풀이 돼라.
그리하여 거리를 더욱 아름답게 장식하라.
만일 그대가
꼬치고기가 될 수 없다면 농어가 되라.
그러나 호수에서 가장 잘 자라는 농어가.

우리는 모두 선장이 될 수 없다.
선원이 되는 자는 있을 것이다.
그러나 저마다 뭔가 할 일은 있다.
큰일도 있고, 작은 일도 있다.

그리고 그 일을
해야 하는 것은 누구나 마찬가지다.

만일 그대가
큰 길이 될 수 없다면 작은 길이 되라.
만일 그대가
태양이 될 수 없다면 별이 되라.

실패와 성공은 양으로 헤아릴 수 없다.
무엇이 되든 가장 좋은 것이 되어라.

아침 식사

칼리다사

이날을 보아라.
이거야말로 생명, 생명의 생명이다.
이 짧은 행운에
그대의 모든 진실과 현실이 깃들어 있다.
성장의 환희,
행동의 영광,
성공의 화려함,
어제는 꿈에 불과하고
내일은 환상일 뿐
그러나 알차게 보낸 오늘은 어제를
행복한 꿈으로 만들고
내일을 희망에 찬 환상으로 만든다.
그러므로 이날을 잘 보낼지어다.
이것이 아침 인사이다.

마음이 인색한 자

존 러스킨

이익을 얻기 위해
다른 사람과 인간관계를 맺는다면
당신은 그 거짓된 선행으로 인해
아무런 대가도 얻지 못할 것이다.

그러나 아무런 욕심 없이
누군가와 교류를 주고받는다면
당신은 감사의 이익을 얻을 것이다.

마음을
인색하게 쓰는 자는 그것을 잃으리라.

이 말은 모든 사람에게 해당되는 진리다.

고뇌는
축복이다

스트라호프

고뇌가 없다면
자기 자신의 한계를 결코 알지 못할 것이다.
우리가 고뇌에서 찾을 수 있는 의의가
바로 여기에 있다.

우리가 처한
모든 상황은 고뇌를 동반하며,
인간이 고뇌할 줄 안다는 것은
차라리 행복한 것이다.

도덕적으로 자신이 표준 이하로
떨어지려고 한다는 사실을 느끼는 것도,
도덕상의
표준 이상으로 오르려는 욕심도 고뇌다.

마찬가지로 한자리에 마냥
머물러 있으려는 태만도
하나의 고뇌가 될 수 있다.
양심의 가책이 곧 고뇌를 불러오는 것이다.

이와 같은
양심의 가책으로 인한 고뇌는
인간을 도덕적으로
앞으로 나아가게 하는 축복이다.

취함을 경계하라

김옥림

술을 마시되 술에 취하지 마라.
돈을 벌되 돈에 취하지 마라.
명예를 좇되 명예에 취하지 마라.
탐욕을 탐하되 탐욕에 취하지 마라.
허세는 무익한 것 허세에 취하지 마라.
허영은 욕망과 같나니, 허영에 취하지 마라.
권세를 따르되 권세에 취하지 마라.
인정을 베풀되 인정에 취하지 마라.
멋을 부리되 멋에 취하지 마라.
연민을 갖되 연민에 취하지 마라.
미식美食을 즐기되 미식에 취하지 마라.
사랑을 하되 색色에 취하지 마라.

취하다 보면 남는 건 쓸쓸한 허무와 비탄悲嘆,
그것이 무엇이든 취함을 경계하라.

마음 비우기

노먼 빈센트 필

힘은 평화로운 마음에서 생긴다.
평화로 가득 찬 마음을 얻으려면
무엇보다도 마음을 텅 비워라.

당신의 마음속에서 두려움과 미움,
불안, 후회, 미련, 죄의식 등을
깨끗이 비워내는 일을 어김없이 실행하라.

당신이 자신의 마음을 의식적으로
비우라고 애쓰고 있다는
그 사실 자체만으로도
당신의 마음은 잠시 동안이나마
휴식을 얻게 될 것이다.

자신의 배를
빈 배로 만들 수 있다면

장자

한 사람이 배를 타고 강을 건너다가
빈 배가 그의 배와 부딪치면
그가 아무리 성질이 나쁜 사람일지라도
그는 화를 내지 않을 것이다.

왜냐하면 그 배는 빈 배이므로
그러나 배 안에 사람이 있으면
그는 그 사람에게 피하라고 소리칠 것이다.
그래도 듣지 못하면 그는 다시 소리칠 것이고
마침내는 욕을 퍼붓기 시작할 것이다.

이 모든 일은
그 배 안에 누군가 있기 때문에 일어난다.
그러나 그 배가 비어 있다면
그는 소리치지 않을 것이고 화내지 않을 것이다.

세상의 강을 건너는
그대 자신의 배를 빈 배로 만들 수 있다면
아무도 그대와 맞서지 않을 것이다.
아무도 그대를 상처 입히려 하지 않을 것이다.

나는 알게 되었다

잘랄루딘 루미

여행은 힘과 사랑을 그대에게 돌려준다.
어디든 갈 곳이 없다면
마음의 길을 따라 걸어가 보라.
그 길은 빛이 쏟아지는 통로처럼
걸음마다 변화하는 세계,
그곳을 여행할 때 그대는 변화하리라.

내가 지나온 모든 길은
곧 당신에게로 향한 길이었다.
내가 거쳐 온 수많은 여행은
당신을 찾기 위한 여행이었다.
내가 길을 잃고 헤맬 때조차도
나는 당신을 향해 걸어가고 있었다.

그리고 마침내
내가 당신을 발견했을 때
나는 알게 되었다.

당신 역시
나를 향해 걸어오고 있었다는 사실을.

인간은
정신적 존재이다

인드라 초한

물질적인 것이
당신을 본질적으로 바꿀 수는 없다.
물질은 아무 영향력도
지니지 않기 때문이다.

인간은 정신적인 존재이다.
사람은 빈손으로 태어나
빈손으로 간다고 하지만 모든 일을 절대
신뢰하고 관용으로 받아들이면
삶과 관계되는 모든 일이 가치 있게 보인다.

인간은 원래 비판하지도 않고
용서하며 솔직히 받아들이고
자기처럼 남을 사랑할 수 있는 파동이
당신을 보다 좋은 운명으로 인도한다.
그렇게 되면 당신의 과거는
지금까지의 평가와는 다른 가치를 지니게 되고
미래는 즉시 변하게 된다.

잠을 자던 영혼이 드러나면
직관이 당신을 시키게 된다.
아무런 걱정을 할 필요가 없다.
잘 되는 일은 잘 되도록
잘 되지 않아야 하는 일은 잘 되지 않도록
신은 모두 처리해주신다.

오직, 최선을 다하고 기다리면 된다.
그리고 결과는 신에게 맡기면 된다.

인생의 길은 하나다

니콜라이 고골

인생의 길은 하나다.
인류의 영원한 희망은
우리들 모두가 조만간 이 길 위에서
하나로 합쳐지길 바라는 것이다.

우리 모두가 하나 되는 이 길은
우리 인생의 밑바탕에
너무나 뚜렷하게 깔려 있다.
인생의 길은 넓고 넓다.

그러므로 대개는 그 뚜렷한 길을 미처
발견하지 못하고 죽음의 길을
걸어가고 마는 것이다.

생명을 가진 모든 것들과
그대가 결합되어 있음을
부정하는 모든 악을 그대 자신 속에서 제거하라.

새것을 도모하라

대학

사람마다
어찌 스스로 새롭고자 하는
양심이 없을까.

마땅히 그 양심에 따라
악한 것을 버리고,
착한 것을 찾고,
예전 것은 버리고 새것을 도모하라.

그러면 반드시
새로움을 찾을 것이다.

지금뿐이다

<u>앤드류 매튜스</u>

우리가 가진 것은 오직 지금뿐이다.
현재에 몰두하고 있다면 잘 살고 있는 것이다.
어제 무슨 일이 있었건,
내일 무슨 일이 생기건 개의치 마라.
오늘 해야 할 일을
충실히 할 때 행복과 만족을 찾을 수 있다.

어린아이들에게 깃들인
가장 경이로운 아름다움은 현재에 온전히
몰두한다는 것이다.
하자고 마음먹은 일에 아이들은
정신없이 일한다.

딱정벌레를 관찰하건, 그림을 그리건,
모래성을 쌓건 간에 말이다.
우리는 어른이 되면서
한꺼번에 여러 가지 일을 걱정하고
생각하는 기술을 배운다.

지나간 문제와 앞으로의 걱정이 뒤엉켜
우리의 현재를 점령하기 때문에
우리는 비참해지고 무력해진다.
그뿐인가,
우리는 즐거움과 행복을 미루는 법도 배운다.

언젠가는 모든 게
한결 나아질 거라고 믿으면서 말이다.
지금을 충실하게 누리고 살면
우리의 마음에서 두려움이 사라진다.
본래 두려움이란
어느 날 갑자기 생길지도 모르는
좋지 않은 사태를 걱정하는 것이다.

산다는 것의 의미

김옥림

살아보니 알겠다.
삶은 사는 게 아니라 살아진다는 것을.
제아무리 잘 살아보려고 애를 써도
그러면 그럴수록
삶은 저만치 비켜서서 자꾸만 멀어지고
내가 온몸을 쥐어짜며 몸부림에 젖지 않아도
삶은 내게 기쁨을 준다는 것을.
삶을 살아보니 알겠다.
못 견디게 삶이 고달파도 피해 갈 수 없다면 그냥,
못 이기는 척 받아들이는 것이다.
넘치면 넘치는 대로 부족하면 부족한 대로
감사하며 사는 것이다.
삶을 억지로 살려고 하지 마라.
삶에 너를 맡겨라.

삶이 너의 손을 잡아줄 때까지
그렇게 그렇게 꾸준히 너의 길을 가라.
삶은 사는 게 아니라 살아지는 것이려니
주어진 너의 길을 묵묵히 때론 열정적으로
그렇게 그렇게 가는 것이다.

친구는 세 명이면 충분하다

김옥림

친구는 단 세 명이면 충분하다.

첫째,
나의 모든
비밀까지도 공유할 수 있는 친구.

둘째,
내가 어려울 때
경제적으로 도움을 줄 수 있는 친구.

셋째,
모두가 나를 불신하고 외면할 때
끝까지 나를
신뢰하고 내 편이 되어 주는 친구.

4

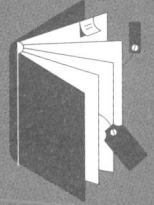

나의 길을 가는 데
인생이 있다

어느 무신론자의 기도 2

이어령

당신을 부르기 전에는
아무 소리도 들리지 않았습니다.
당신을 부르기 전에는
아무 모습도 보이지 않았습니다.
하지만 이제 압니다.
어렴풋이 보이고 멀리에서 들려옵니다.

어둠의 벼랑 앞에서
내 당신을 부르면
기척도 없이 다가서시며
"네가 거기 있었느냐"
"네가 그동안 거기 있었느냐"고
물으시는 목소리가 들립니다.

달빛처럼 내민 당신의 손은
왜 그렇게도 야위셨습니까.
못자국의 아픔이 아직도 남으셨나이까.
도마에게 그렇게 하셨던 것처럼 나도
그 상처를 조금 만져볼 수 있게 하소서.
그리고 혹시 내 눈물방울이 그 위에 떨어질지라도
용서하소서.

아무 말씀도 하지 마옵소서.
여태까지 무엇을 하다 너 혼자 거기에 있느냐고
더는 걱정하지 마옵소서.
그냥 당신의 야윈 손을 잡고
내 몇 방울의 차가운 눈물을 뿌리게 하소서.

오늘만은 이렇게 살자

시빌 F. 패트릭

오늘만은 행복하게 지내자.
진정한 행복은 내부에 존재한다.
그것은 외부에서 오지 않는다.

오늘만은 자신을 사물에 적응시켜라.
사물을 자기가 원하는 대로만 지배해서는 안 된다.
가족, 일, 운을 있는 그대로 받아들여
자기를 거기에 적응시켜라.

오늘만은 몸을 조심하라.
적당히 운동을 하고 영양을 섭취하라.
몸을 혹사시키거나 함부로 하지 마라.
그러면 몸은 내 명령에 따르는
완전한 일체가 될 것이다.

오늘만은 내 마음대로 강하게 하라.
자기에게 이로운 것을 배워라.
정신적인 게으름뱅이가 되지 마라.
노력과 집중력을 길러주는 책을 읽어라.

오늘만은 세 가지 방법으로 영혼을 움직여라.
남이 알아차리지 못하게 선한 일을 행하라.
윌리엄 제임스가 말한 것처럼 수양을 위해
적어도 두 가지는 자신이 하고 싶은 것을 하라.

오늘만은 유쾌한 태도를 가져라.
되도록이면 기력이 왕성한 모습을 하고,
어울리는 옷을 입고, 조용히 말하고,
예의 바르게 행동하고, 아낌없이 남을 칭찬하라.
그리고 남을 비판하지 말며
그 어떤 약점도 지적하지 말고,
남을 훈계하거나 경고하지도 마라.

오늘만은 오늘 하루를 위해 열심히 살아라.
인생의 모든 문제를
한꺼번에 처리하려고 하지 마라.

그 어떤 일도 단 한 번에
이루어지는 것은 그리 흔치않음을 기억하라.

오늘만은 하루의 계획을 세워라.
시간마다 해야 할 일을 적어 두라.
그대로 다는 할 수 없을지라도 모르지만 해보라.
초조와 게으름을 제거할지도 모른다.

오늘만은 30분 동안 혼자서
조용히 쉴 수 있는 시간을 가져라.
그리하면 자신의 인생에 대한
올바른 인식을 할 수 있을 것이다.

오늘만은 두려움을 갖지 마라.
행복해져라.
아름다운 것을 즐기고 사랑하라.
내가 사랑하는 것이 나를 사랑하고 있다고 믿고
두려움을 갖지 마라.

신은 모든 것을
알고 있다

공자

나는 항상 스스로 반성하지 않으면
안 된다는 것을 알고 있다.
신은 모든 것을 알고 있다.
그리고 신의 법칙은 변하지 않는다.
신은 모든 것을 볼 수 있고
모든 것 속에 존재하고 있다.
그리고 나는 이 모든 것을 알고 있다.
신은 모든 것의
내부에 깊이 스며들어 있다.
마치 햇빛이 어두운 방 안에서 비쳐 들듯이
우리는 신의 빛을 반영하도록 노력해야 한다.
마치 두 개의 악기가
서로 공명하듯이 그렇게 말이다.

이끌어 주소서

루신다 바디

나를 죽음에서 생명으로
거짓에서 진실로 이끌어 주소서.
나를 절망에서 희망으로
두려움에서 진리로 이끌어 주소서.
나를 미움에서 사랑으로
전쟁에서 평화로 이끌어 주소서.
평화가 우리 마음과
세상과 우주를 채우게 하소서.
평화 평화 평화.

우리가 지켜야 할 것들에 대하여

아일랜드 격언

서서히 가라.
생각하는 여유를 가져라.
그것이 힘의 원천이다.

노는 시간을 가져라.
그것이 영원한 젊음의 비결이다.

독서하는 시간을 가져라.
그것이 지식의 샘이 된다.

사랑하고 사랑받는 시간을 가져라.
그것은 신이 부여한 특권이다.

평안한 시간을 만들어라.
그것이 행복의 길이다.

웃는 시간을 만들어라.
그것은 혼의 음악이다.

남에게 주는 시간을 만들어라.
자기중심적이기에는 하루가 너무 짧다.

노동하는 시간을 가져라.
그것이 성공을 위한 대가이다.

자선을 베푸는 시간을 가져라.
그것이 천국의 열쇠다.

습관의 힘

존 드라이든

처음에는,

우리가
습관을 만들지만

그다음에는,

습관이
우리를 만든다.

욕망

조로아스터

욕망을 품을수록
인간은 더 많은 것에 예속된다.

서서히 늘어가는 욕망 때문에
인간은 자유를 잃어버리는 것이다.

완전한 자유를 누리기 원한다면
결코,
아무것도 바라지 않는 편이 좋다.

욕망의 크기를 줄일수록
인간은 한층 더
자유로워질 수 있는 것이다.

무슨 일이든 여백을 남겨두어라

채근담

한 말짜리 그릇에는
아홉 되쯤 담는 것이 좋다.

가득 채운다면 자칫 넘치게 될 것이다.

모든 일에는 어느 정도
여백을 남겨두는 것이 좋다.

화나는 일이 있어도
화나는 감정을 다 쏟아내지 말 것이며
비록, 정당한 말이라도
칠팔십 퍼센트만 말하고
나머지는 여운으로 남겨두는 것이 좋다.

적극적으로 생각하고 행동하라

교황 요한 23세

두려움이 아닌
희망과 꿈의 조언을 구하라.

좌절에 대해 생각하지 말고
채워지지 않는
잠재력에 대해 생각하라.

시도했다가
실패한 것에 집착하지 말고
여전히 가능한 것에 관심을 기울여라.

의미 있는 삶을
꾸려나가기

홀리 해즐렛 스티븐스

인간은 감정적으로 심한 고통도
견뎌낼 수 있는 능력이 있다.
심지어는 그 속에서 의미를 찾아내기도 한다.
인류 역사에 걸쳐 수많은 사람들이
엄청난 역경을 견뎌냈다.
그러나 여전히 오늘날의 문화는
우리에게 비극은 절대 일어나선
안 된다는 식으로 가르친다.
다들 아무 탈 없이 인생을 살아갈 거라고 기대하고
정말 참혹한 일이 닥치면 실패했다고 여기는 것이다.
그러나 이는 분명 가능한 시나리오이다.
이 시나리오를 앞에 두고
무방비 상태의 나약해진 기분을 느껴보자.
물론 최악의 사태가 터진다면
즉시 그걸 극복해내지는 못할 것이다.

어쩌면 그로 인해 삶이 영원히
이전의 모습으로 돌아가지 못할 수도 있다.
하지만 인간에게는 지금으로선 상상도 못할 정도로
꿋꿋하게 새로이 의미 있는
삶을 꾸려나갈 수 있는 능력이 있다.

아름다운 삶의 협력자가 되라

김옥림

산이 아름다운 것은
갖가지 생물들을 자신의
넓은 가슴으로 품어주기 때문이다.

산엔 물푸레나무, 떡갈나무,
소나무, 참나무를 비롯한 수많은 나무들과
초롱꽃, 패랭이꽃, 구절초, 진달래 등
수많은 꽃들로 가득 채워져 있다.

서로 품어주고 안아주어 아름다운 산
천상천하 유아독존은 그 어디에도 없다.

서로 협력하지 못하는 것은
더 이상 존재의 의미가 없다.

서로에게 따뜻한 위안이 되어 주는
아름다운 삶의 협력자가 되는 것,
이것이 삶의 본질이다.

덕 德

벤자민 프랭클린

덕이란 절제이다.
덕이란 침묵이다.
덕이란 규율이다.
덕이란 결단이다.
덕이란 검약이다.
덕이란 근면이다.
덕이란 성실이다.
덕이란 공정이다.
덕이란 중용이다.
덕이란 청결이다.
덕이란 평정이다.
덕이란 순결이다.
덕이란 겸양이다.

자유롭고 편안한 상태에 이르는 법

바바 하리 다스

당신의 존재가 삶과 죽음을 겪어야 하는
육체 그 너머에 있음을 깨달아야 한다.
그러면 모든 문제가 풀릴 것이다.
문제는 당신 스스로 죽어야 할 존재로
태어났다고 믿는 데 있다.
깨달아야 한다.
자유롭게 살아가라.
당신은 개체적 자아가 아니다.
자유는 걱정으로부터의 자유다.
변함없는 것을 깨달았다면
욕망과 두려움을 앗아가지 마라.
욕망과 두려움이 왔다가
스스로 떠나가도록 그대로 두어라.
이와 같은 감정에 대해 반응하지 말고
차분한 마음으로 바라보면
감정은 힘을 잃고
당신은 자유롭고 편안한 상태에 이르게 된다.

자신에게 지나친 신뢰를 두지 마라

노자

발끝으로
오랫동안 서 있을 수 없다.
자기 자신을
과신하는 사람은 빛날 수 없고,
자기만족에 취해버린 사람은
영광에 도달할 수 없다.

교만한 자는
그 이상으로 자신을 높일 수 없다.
이성이 판단 앞에 나서면
그것들은 무용지물에 지나지 않는다.

이런 까닭에 모든 사람들에게
혐오를 불러일으키는 것이다.
그러므로 이성을 가진 사람은
자기 자신에게
지나친 신뢰를 두지 않는 것이다.

죽음의 공포에서 벗어나기

마르쿠스 아우렐리우스

죽음의 공포에서 벗어나고 싶다면
최선을 다해 살아가는
사람의 행동을 눈여겨보고 본받도록 하라.
그 사람들은 죽음이
언제 닥쳐올지 모른다는 것을 알고 있다.
나를 포함한 우리 주변의
많은 사람들은 결국 나이가 들어 죽는다.
살아 있는 동안의 그 짧은 인생에서
인간은 많은 슬픔과 고통, 기쁨을 누린다.
죽음 뒤에 찾아오는 시간의 영원성을 생각해보라.
당신의 앞날에도 존재하는 이 무한한
영원의 틈바구니에서 사흘 동안 사는 것과
3세기 동안 사는 것이 뭐가 다를까.

완전함을 추구하는 이유

루키우스 A. 세네카

완전함을 이루려고 할 때,
그때의 목적은 어떤 완벽한 상태에
도달하는 데만 있는 것은 아니다.
사실 거기에 도달하려는 것은
불가능한 일이다.
인간에게 완전함이란
단순한 이상에 지나지 않으며
하나의 표상에 불과하기 때문이다.
그럼에도 우리가 완전함을 추구하는 것은
우리 자신의 내면을
악에서 선으로 변화시키기 위함이다.
그것은 비록 불가능한 일처럼 보이지만
인간이라면 반드시
힘을 기울여야 할 공통된 소명이다.

세상을 바라보고 영혼을 바라본다

루돌프 슈타이너

나는 세상을 바라본다.
그 안에는 태양이 비치고 있고,
그 안에는 별들이 빛나며
그 안에는 돌들이 놓여져 있다.
그리고 그 안에는
식물들이 생기 있게 자라고 있고,
그리고 그 안에는
인간이 생명을 갖고 살고 있다.

나는 영혼을 바라본다.
그 안에는 신의 정신이 빛나고 있다.
그것은 태양과 영혼의 빛 속에서
세상 공간에서 저기 저 바깥에도
그리고 영혼의 깊은 곳
내부에서도 활동하고 있다.
그 신의 정신세계로 내가 향할 수 있기를
공부하고 일할 수 있는 힘과 축복이
나의 깊은 내부에서 자라나기를.

참된 생활로 인도하는 길

조지 맬러리

참된 생활로 인도하는 길은
아주 좁아서
몇몇 사람들만이
그 길을 발견할 수 있을 뿐이다.
왜냐하면 그 길은
그들의 내면세계에만 존재하기 때문이다.
그나마 자기의 길을
찾으려는 자도 그리 많지는 않다.
대개는 다른 길을 헤매느라
진정한,
자기 길을 찾지 못하는 것이다.

나의 길을 가는 데 인생이 있다

요한 볼프강 폰 괴테

구름 속을 아무리 보아도
거기에는 인생이 없다.
우리는 스스로가 인정한 것만을 볼 수 있다.
귀신이 나오든 말든
나의 길을 가는 데 인생이 있다.
그렇게 앞으로 나아가는 동안에는
고통도 있고 행복도 있다.
어떠한 경우에도
인생에 완전한 만족이란 없는 것이다.
자신이 인정한 것을
힘차게 찾아가는 하루하루가
바로 참된 인생인 것이다.

5

사랑받는 것처럼
사랑하라

꿈을 주는 사람

김옥림

내 꿈은 꿈을 주는 사람입니다.

어둠을 몰아내고 깊이 잠든 대지를 깨우며
온누리를 밝게 비추는 아침햇살처럼,
부정적인 생각으로 가득 찬 이들의 거친 마음을
꿈으로 가득 넘치는 긍정의 마음이 되게 하여
인간의 소중한 가치를 위해
나누는 삶을 사는 이들이 되게 하고 싶습니다.

꿈은 꿈을 가진 이의 친구이며, 이상입니다.
꿈을 이룬다는 것은 최고의 가치입니다.

지금 누리는 문명의 이기와 안락함은
과거에 꿈을 가진 이들이 이뤄낸 꿈의 결실입니다.
꿈을 이루기 위해 그들이 흘린 땀과 눈물은
때때로 그들을 시련에 들게 하고 한숨짓게 했지만,
그들은 어느 한순간도 결코 포기하지 않았습니다.

꿈을 포기한다는 것은 모든 것을 포기하는 일이라는 걸
알았으므로 끝까지 하는 힘으로 이겨냈습니다.

 꿈은 고통의 바다를 건너게 하고
시련의 능선도 넘게 하고
인간의 능력으로는 할 수 없는 것까지도
이루게 하는 긍정의 빛과 소금입니다.

꿈이 있는 사람은 아름답습니다.
꿈을 꾸는 사람은 미래를 사는 것입니다.
꿈을 꾼다는 것은 영원을 사는 것이기에
나는 꿈을 주는 사람이 되고 싶습니다.

태양을 바라보고 살아라

헬렌 켈러

태양을 바라보고 살아라.
그대의 그림자를 못 보리라.
고개를 숙이지 마라.
머리를 언제나 높이 두라.
세상을 똑바로 정면으로 바라보라.
나는 눈과 귀와 입을 잃었지만
내 영혼을 잃지 않았기에
그 모든 것을 가진 것이나 마찬가지이다.
고통의 뒷맛이 없으면 진정한 쾌락은 거의 없다.
불구자라 할지라도 노력하면 된다.
아름다움은 내부의 생명으로부터 나오는 빛이다.
그대가 정말 불행할 때 세상에서 그대가
해야 할 일이 있다는 것을 믿어라.
그대가 다른 사람의 고통을
덜어줄 수 있는 한 삶은 헛되지 않을 것이다.
세상에서 가장 아름답고 소중한 것은
보이거나 만져지지 않는다.
단지 가슴으로만 느낄 수 있다.

세 가지 유혹을 이기는 법

라메네

살아가는 동안 인간에게는
세 가지 유혹이 찾아온다.
거칠고 강렬한 육체의 욕망,
스스로 우쭐해하는 교만함,
격렬하고 불순한 이기심이 바로 그것이다.
그로 인해 인간은
과거에서 미래에 이르기까지 영원히
불행에서 빠져나오지 못하는 것이다.
만약 인간에게 이 세 가지 유혹이 없었더라면
보다 완전한 자아실현에 도달할 수 있었을 것이다.
이토록 끔찍한 무질서를 초래하는 요인,
누구나 마음속에 지니고 있는
이 무서운 질병의 근원을 차단하기 위해
우리는 어떻게 해야 할까.
해답은 단 한 가지이다.
그것은 끊임없이 자기를 수양함으로써
스스로를 흔들리지 않게 닦아나가는 것이다.

모든 문제는 스스로 해결하라

랠프 왈도 에머슨

진정한 인간이 되고자 하는 사람은
세상에 아부하는 태도를 버리지 않으면 안 된다.
진정한 삶을 살고 싶은 사람은
세상에서 선으로 인정하는 것에 이끌리지 말고,
진정한 선이란 무엇인가,
그것은 어디에 있는가 하는 것을
깊이 생각하지 않으면 안 된다.
자율적인 정신적 탐구욕보다 존엄하고
생산적인 것은 없다.
무엇보다 먼저, 인생의 모든 일에 대해
그러한 태도를 갖고, 그런 다음에
직면하는 모든 문제를 스스로 해결해야 한다.

악한 이의 중상모략을 두려워하지 마라

에픽테토스

유능한 목수는
나무를 조금도 다룰 줄 모르는 사람이
자신의 재주를
칭찬해주지 않는다고 울적해하지 않는다.
악한 이의 중상모략을 두려워하지 마라.
당신의 내면에 있는 단단한 심지까지
상처를 입힐 수 있는 자가 과연 누가 있을까.
나는 나를 근거 없는 말로 헐뜯거나
내 마음에 못을 박으려는 자들을 초연하게 대한다.
그들은 내가 어떤 사람인지,
내가 무엇을 선으로 생각하며
무엇을 악으로 생각하는지 알지 못한다.
그들은 내가 진정한 내 것으로 생각하는 것,
내가 의지하여 살아가는
유일한 진리에 대해 짐작조차 하지 못할 것이다.

삶의 주인공이 되어라

파크 벤저민

삶의 주인공이 되어라.

영원히 이어지는

눈길 위에 발자국을 남겨라.

칠흑 같은 어둠이 장막을 뚫고

환한 밝음으로 가는 길을 개척하라.

희망으로 가득 찬 사람과 교류하라

노먼 빈센트 필

희망으로 가득 찬
사람과 교류하라.

창조적이고
낙관적인 사람과 소통하라.

긍정적이고 능동적으로 행동하라.

그리고 그런 사람을
자신의 주변에 배치하라.

지식의 힘

__앤드류 카네기__

나는 다른 사람의
노력에 힘입어 부자가 되었다.
거저 얻으려는 생각을 지양하는 방법을
가능한 한 빨리 찾아서
사람들에게 나의 돈을 돌려줄 것이다.
그러나 내 재산에서 가장 중요한 부분은
유형과 무형의 재산을
모을 수 있게 해주었던 지식이다.
이런 지식이 하나의 철학으로 완성되어
성공을 꿈꾸는 모든 사람에게
도움을 주었으면 하는 것이 나의 소망이다.

행복해지는 법

H. C. 머튼

네 마음을 증오로부터,
네 머리를 고민으로부터 해방시켜라.
간단하게 생활하라.
기대를 적게 가지고 주는 것을 많이 하라.
네 생활을 사랑으로 가득 채워라.
빛을 발하도록 하라.
나를 잊고 남을 생각하며
남의 일을 자신의 일과 같이 하라.

이상과 같은,
일을 일주일 동안 계속하라.

멋지게 나이 든다는 것은

탈벤 사하르

멋지게 나이 든다는 것은
세월의 흐름에 따라 나타나는
진짜 변화를 자연스럽게 받아들이는 것이다.
물론 이 변화에는
우리가 얻을 기회들을 깨닫고
이에 감사하는 것도 포함된다.
이제는 노화와 싸우는 데 투자하는
노력의 일부를 노년을
잘 보내기 위한 방향으로 돌려야 한다.
노년을 긍정적으로 인식하고
그것으로부터
얻을 수 있는 기회를 활용해야 한다.

공자孔子의 인생이란

공자

인생은

무거운 짐을 지고

먼,

여행을 하는 거와 같다.

인생이란
긴 여행이다

프리드리히 니체

인생은

그대 자신이

끝
까
지

살아내는 긴 여행이다.

최상의 자산

브라이언 트레이시

평생,
배움에 헌신하라.

당신의 정신과
당신이 거기에 집어넣는 것,

그것이
당신이 가질 수 있는
최상의 자산이다.

승자 勝者

앤서니 로빈스

승자와 패자를

가리는 단 한 가지는

승
자
는

실행하는 사람이라는 것이다.

신성한 본성 本性

장 자크 루소

양심은
인간의 신성한 본성이다.

양심은 영원한 하늘의 소리이며,

총명하고 자유로운
인간의 믿음직한 안내자이다.

양심은
인간을 하나님과 닮게 하며,

선과 악에 대해
잘못을 범할 수 없게 하는 심판자이다.

심성의 참경지를 얻는 지혜

명심보감

고요한 곳에서
고요한 마음을 지키는 것은
참다운 고요함이 아니다.

소란한 가운데서 고요함을 지켜야만
심성의 참 경지를 얻게 된다.

즐거운 가운데서
즐거운 마음을 지니는 것은
참다운 즐거움이 아니다.

괴로운 곳에서 즐거운 마음을 얻어야만
마음의 참모습을 볼 것이다.

존 디마티니의 감사

존 디마티니

이 세상에 존재하는
모든 사람, 장소, 사물, 생각,
사건들은 당신이 꿈꾸는
완전한 삶을
이루는 데 꼭 필요한 부분들이다.

역경 속에는
반드시 숨겨진 축복이 들어있고,
일 보 후퇴는
새로운 도약을 위한 준비이다.

이것이 바로 감사이다.

감사와 고마움

오쇼 라즈니쉬

감사와 고마움이 무럭무럭 자라도록 하라.
그것이 생활의 습관이 되게 하라.
누구에게나 감사하라.
고마움을 잃게 되면,
사람은 행한 일들에 대해 감사하게 된다.
할 수 있었지만
못한 일에 대해서도 고마움을 느낀다.

어떤 이가 도와주면 그대는 고마워하는데
그것은 단지 시작에 불과하다.
그다음에는 누군가가
그대에게 해를 끼칠 가능성이 있는데도
그렇게 하지 않은 것에 감사하게 된다.

상대방이 그렇게 하지 않은 것이 고마운 것이다.
일단 감사에서 생기는 감동은
마음속 깊이 가라앉혀 두면
그대는 모든 것에 고마움을 느끼게 된다.
그리하며 고마움을 느끼면 느낄수록
불평과 투덜거림은 훨씬 더 줄어들게 된다.
불평이 사라지면 고통도 사라진다.
고통은 불편과 더불어 있으며
불평하는 마음도 함께 연결되어 있다.
고통은 감사하는 마음과 공존할 수 없다.
이것이 배울 만한 가장 중요한 비밀들 중에 하나이다.

너 자신을 믿어라

김옥림

너 자신을 믿어라.
너의 굳은 의지와 너의 신념을

너 자신을 믿어라.
네가 꿈꾸는 것과
희망하는 것들에 대해

너 자신을 믿어라.
너 자신을 믿는다는 것은
네가 바라는 것들에 대한 확신이니
믿는 대로 될 것이다.

너 자신을 믿어라.
이는 자신의 꿈을 이룬 이들의
확신의 법칙이니 너 자신을 믿는 순간
네가 바라는 것들 또한
너의 믿음을 저버리지 않을 것이다.

너 자신을 믿어라.
너 자신을 네가 믿지 않으면
그 누구도 너를 믿어주지 않을 것이다.

일하지 않는 사람

조지 버나드 쇼

일하지 않는 사람은
절대,
올바른 생각을 할 수 없다.

일하지 않으면
게으름과
비뚤어진 마음을 갖게 만든다.

긍정적인 행동이
뒤따르지 않는 사고思考는
병균과도 같다.

사랑받는 것처럼 사랑하라

레프 N. 톨스토이

그대가
사랑받는 것처럼 남을 사랑하라.
또한 그대가 받는 것만큼 남에게도 베풀어라.
항상 자신을 낮추고 남을 이롭게 하라.
관용으로써 분노를 극복하라.
선으로써 악을 정복하라.
나 자신의 어리석은 생각, 그릇된 판단,
그리고 잘못을 범하기 쉬운 나쁜 습관을 버려라.
해야 할 일을 하고 감당해야 할 일을 감당하라.
양심은 자신의 유일한 증인이다.

6

운명의 화살이 빗발치듯 쏟아진다 해도

마음에 새기면 좋을 인생 20훈

김옥림

01. 자신에게 주어진 환경 속에서 최대한 즐겁게 생활하라.
02. 인생을 너무 조급하게 생각하지 마라. 조급해서 잘 되는 것은 없다.
03. 인생의 한방을 절대 믿지 마라. 그것은 자칫 인생의 함정이 될 수도 있다.
04. 돈을 보고 일하지 말고 무슨 일이든 자신이 좋아서 하는 일을 하라.
05. 친구는 단 세 명이면 충분하다.
    첫째, 나의 모든 비밀까지도 공유할 수 있는 친구.
    둘째, 내가 어려울 때 경제적으로 도움을 줄 수 있는 친구.
    셋째, 모두가 나를 불신하고 외면할 때 끝까지 나를 신뢰하고 내 편이 되어 주는 친구.
06. 하고 싶은 일은 반드시 지금 하라. 그렇지 않으면 기회를 놓치고 평생 후회할 수도 있다.

07. 자신의 인생에 빛이 되는 시 한 편을 마음에 담아 때때로 음미하라.
08. 쓸데없는 일에 집착하지 말고, 하지 말아야 할 일은 절대 금하라.
09. 인생의 멘토를 정해 그의 삶을 따르도록 실천하라.
10. 절대로 경거망동하지 말고, 부화뇌동하지 마라.
11. 자신만의 철학을 반드시 지녀 삶의 지표로 삼아라.
12. 친절하고 배려하며 베푸는 삶을 실천하라.
13. 배우는 일에 힘쓰고 배운 것을 삶의 덕이 되게 하라.
14. 허세를 부리지 말고 허영심을 멀리하라.
15. 남을 비난하고 험담함을 삼가라. 자칫 그것은 화살이 되어 자신에게 날아오게 될 것이다.
16. 남에게 피해 주는 그 어떤 일도 절대 금하라. 그것은 쓰레기 같은 짓일 뿐이다.
17. 상대방의 말에 귀 기울여 경청하는 미덕을 보여라.

18. 순리를 따르되 억지로 하려고 하지 마라.
　　무리하여 억지로 되는 일은 그 어디에도 없다.
19. 걱정은 마음을 갉아먹는 부정적 불가사리이다.
　　걱정을 멀리하고 항상 긍정적으로 생각하라.
20. 늘 자신을 격려하고 칭찬하되 교만함을 경계하라.

아무에게도
적이 되지 않는 사람

벤자민 프랭클린

모든

사람에게 예의가 바르고

많은 사람에게

친절한 사람은

아무에게도 적이 되지 않는다.

나이 드는 것을
두려워하지 마라

바바라 골든

많은 사람들은 나이 드는 것을 두려워한다.
젊은 세대와 단절되고 생동감 넘쳤던
과거로부터 점차 멀어져 간다는 생각에
젊은 시절의 자신을 그리워하기도 한다.
그러나 과거에 대한 집착에서 벗어나
오로지 '지금 이 순간'에 집중하면 나이 듦에 대한
두려움은 사라지고 인생의 척도가 달라진다.
어느 정도 나이가 들고 나면 가족들이 당신의 행동을
이해하지 못하더라도 일일이 해명할 필요가 없다.
그 나이에는 일시적으로 깜빡하고
실수하는 경우가 있다고 생각하기 때문이다.
과거가 아닌 현재의 순간만을 살면
쓸데없는 고민으로부터 벗어나 주변 세상을
있는 그대로 응시하게 되고, 그 순간부터
당신 눈앞의 세상은 훨씬 더 흥미롭고 아름답게 변할
것이다.

또한 젊은이들에게는
지혜롭고 현명한 스승이 되고,
아이들에게는 부모들이 채워줄 수 없는 부분을
채워주는 정신적 스승의 역할도 할 수 있다.
중요한 것은 나이를 먹었다는 사실이 아니라
지금 이 순간 무엇을 하며 사느냐이다.

이 세상은 책이다

아우구스티누스

이 세상은 책이다.

여행을 하지 않는 사람은

한 페이지만을

계속 보는 사람과 같다.

행복과 불행

콘스탄틴 게오르규

행복과 불행은
사람의 마음 가운데 살고 있다.

그러므로
인생을 짧게 보는 사람에겐
행복은 허무하고
불행은 오래가지만,

원대한 희망을 가진 사람에겐
행복은 오래가고 불행은 짧다.

젊을 때 지성知性을 쌓아야 하는 이유

레오나르도 다 빈치

젊을 때 쌓은 지성은
노년기의 악을
미리 예방하는 것과 같다.

만일 당신이 지성을 갖추는 것이
노년기를 위한 양식을 미리
준비해두는 것으로 이해한다면,

당신이 늙었을 때
영양 결핍이 되지 않기 위해서
당신은 젊었을 때
미리 대비하고 준비해야 한다.

욕망으로부터 벗어나기

에픽테토스

사람들이 그처럼 매혹되어 있는 모든 것,
그리고 그것을 얻기 위해서 골몰하고 있는 것,
그러한 것은 아무런 행복도 가져다주지 않는다.
사람들은 골몰하고 있는 동안에는 갈망하는 것 속에
자신들의 행복이 들어있다고 생각하지만,
그것이 손에 들어오자마자 다시 안절부절못하고
아직 손에 넣지 못한 것을 바라며
남들이 갖고 있는 것을 부러워한다.
마음의 평화는 헛된 욕망의 충족에 의해 생기는 것이
아니라,
반대로 그 같은 욕망을 버림으로써 얻어지는 것이다.
그것이 진실이라는 것을 확인하고 싶다면,
그러한 헛된 욕망을 만족시키기 위해 당신이
오늘까지 쏟아온 노력의 반이라도 좋으니,
그러한 욕망으로부터 자기 자신을 해방시키는 데 힘
써 보라.
그러면 당신은 곧 그렇게 함으로써 훨씬 더 많은
평화와 행복을 얻을 수 있다는 것을 발견할 것이다.

스스로를 낮추어라

탈무드

자신에게 합당한 자리보다
낮은 자리에 앉으라.

아래로
내려가라는 말을 듣는 것이
위로 올라가라는
말을 듣는 것보다 나으니라.

스스로를 높이는 자는
하나님에 의해 낮춰지지만,

스스로를 낮추는 자는
하나님이 그를 높여주리라.

자기로부터 벗어나라

노자

하늘과 땅은 영원하다.

그것이 영원한 것은
하늘과 땅이 자신을 위해
존재하기 시작한 것이 아니기 때문이다.

그러므로 존재는 영원한 것이다.

그와 마찬가지로 성인도
자기로부터 벗어남으로써 영원해진다.

그는 영원해짐으로써
비할 데 없이 강력해지고
자기에게 필요한 모든 것을 성취한다.

인색한 사람 사악한 사람

소크라테스

우리는 욕심 많고 인색한 사람이
왜 미움을 받는지 잘 알고 있다.

인색한 사람은 부자가 되기 위해
남의 재산까지 탐을 낸다.

따라서 그 사람은 자신의 이익을 위해
남을 해치는 것이다.

그런데 사악한 인간은 자기에게
아무런 이익이 없는데도 남을 해친다.

게다가 남에게 해를 줄 뿐만 아니라
자기 자신까지도 해친다.

지나간 것은 내버려 두어라

페르시아의 금언

지나간 일을 후회하지 마라.
후회한들 무슨 소용이 있단 말인가?

허위는 회개하라고 말한다.

그러나 진실은 오직 사랑하라고 말한다.

모든 추억을 멀리하라.

지나간 일에 대해 얘기하지 마라.

오직 사랑의 빛 속에 살며
그 밖에 모든 것은
지나가버리는 대로 내버려 두어라.

선행의 대가와 악행의 대가

벤치사이

모든 선행을 위해
노력하고 온갖 악행을 피하라.

하나의 선행은
많은 선행을 부르고

하나의 악행은
다른 많은 악행을 부른다.

선행의 대가는 선행이고
악행의 대가는 악행이다.

최선으로 생각하고 행동하라

에픽테토스

인간은 항상 자신이 최선으로 생각하는
행동을 한다는 것을 기억하라.
만약 그게 아니라면 그는 그만큼 불행하다.
왜냐하면 모든 미망에는
반드시 고뇌가 따르기 때문이다.
만약 당신이 이와 같은 사실을 잊지 않고 있으면,
당신은 누구에게도 화내지 않고,
아무도 비난하거나 공격하지 않으며,
누구도 미워하지 않을 것이다.

빈손

말로 모건

누구나
빈손으로 왔다가
빈손으로 간다.

빈손임에도
가장 풍요롭게 살고 있는,
사람들을

나는
내 눈으로 직접 목격했다.

나무가 거대하게 잘 자랄 수 있는 것은

토머스 스타 킹

거대한 나무 안에는 미래를 위한
에너지가 꽉 차 있다는 생각이 문득 떠올랐다.
그런데 이 나무는 하루아침에
거대한 에너지를 얻었을까?
그렇지 않다.
험준한 산은 옆에서 다그치며 자극을 주었다.
산등성이 흙은 나무를 지탱해주었으며,
구름은 눈비를 뿌려 성장을 도왔다.
여름과 겨울을 거듭해서 지내며
넓게 뻗어나간 뿌리 역시 귀중한 양분을 흡수했다.

운명의 화살이 빗발치듯 쏟아진다 해도

존 드라이든

어떤 운명의 화살이
나에게 빗발치듯 쏟아져도
거뜬히,
막아내고도 남을 널따란 방패처럼
영혼이 내게는 있다.

불우한 운명이 내 것이 아니듯,
나 역시 불우한 운명의 것이 아니다.

무엇이 내 영혼을 지배할 것인가.

언젠가를 위해

프리드리히 니체

언젠가
많은 것을 가르쳐야 할 이는

많은 것을
가슴속에 말없이 쌓아둔다.

언젠가
번개에 불을 켜야 할 사람은

오랫동안
구름으로 살아야 한다.

마음을 풍족하게 하기

채근담

욕심이 많은 사람은 돈을 주어도
돈보다 귀한
옥을 주지 않았다고 불만을 갖는다.
이러한 사람은 옥을 주면
그 수효가 적다고 탓할 것이다.
스스로 만족할 줄 모르는 사람에게는
무엇을 주나 늘 부족하다.
이것은 그 근성이 거지와 다름없다.
거지는 무엇을 주나 더 얻고 싶어 한다.
마음이 풍족하면 비록 누더기를 걸치고도
따뜻하게 생각하고
나물 반찬으로 밥을 먹어도 맛있다고 한다.
인생을 즐기고 풍족하게 사는 점에서
이런 사람은 왕후보다도 풍족한 사람이다.

감사하는 법을 배워라

오프라 윈프리

당신이 바라는 것이
확장되기를 추구한다면,
그리고 인생의 행복을 추구한다면,
당신은 원하는 것보다 더 큰 것을
이뤄낼 수 있다.
내 인생에서 어떤 일이 일어나든
감사하는 법을 배웠을 때,
기회,
사람들과의 관계,
심지어는 부(富)까지도 내게로 다가왔다.

허영심을 경계하라

라로슈푸코

사람은 미덕을

많이 갖추었다 하더라도

일단 허영심에 사로잡히면

모든 것이 흔들리고 만다.

허영과 진실은

결코 부부가 될 수 없다.

몇 번이고 다시 그려라

파블로 피카소

당신은 그림을 그릴 때
가끔,
아름다운 것을 발견할 것이다.

그러나 그것을 지워버리고
몇 번이고 다시 그려야 한다.

지우는 일은
모양을 바꾸고 더 보태서
아름다움을 완성해 나가는 과정이다.

인생의 중심 추

김옥림

자기만의 철학이 있는 사람은

어떤 상황에서도

결코 쓰러지는 법이 없다.

자기만의 철학은

자신의 삶의 중심을 잡아주는

중심 추錘와 같기 때문이다.

7

열정을 불러일으키는
평범한 생각

나무와 그림자

김남조

나무와 나무그림자
나무는 그림자를 굽어보고
그림자는 나무를 올려다본다.
밤이 되어도
비가 와도
그림자 거기 있다.
나무는 안다.

정신적인 부자가 되어야 하는 이유

빌리 그레이엄

우리는 정신적으로
부자가 되지 않으면 안 된다.
왜냐하면 우리는 정신적으로
너무도 굶주려 있기 때문이다.
예수께서
'마음이 가난한 자는 복이 있다'고 말한 것은
스스로 자기 마음의 가난함을
깨달은 자를 지적한 것이었다.
그러나 많은 사람들은 자기의 빈약하고,
부족함을 돌아봄이 적다.
사람은 부족함을 깊이 깨달으면 깨달을수록 좋다.
그것이야말로 행복의 출발이다.
인생에 대한 하염없는 겸손.
그것 없이는 언제나 사람은 헤매게 될 것이다.

하나에서 시작하라

마더 테레사

나의 임무가 대중을 돌보는 것이라고 생각해본 적은 전혀 없답니다.

난 한 개인을 돌보고 있습니다. 난 한 번에 한 사람밖에 사랑할 줄 모릅니다. 난 한 번에 한 사람밖에 거둘 줄 모릅니다. 단 한 사람, 한 사람, 한 사람……. 당신도 내가 하듯 그렇게 한번 시작해 보세요. 난 단 한 사람만 인도합니다. 그렇지 않았다면 4만 2천 명의 사람을 인도하지 못했을 거예요.

내가 한 모든 일은 바다에 물 한 방울을 보탠 것에 지나지 않아요. 그렇지만 내가 물 한 방울을 보태지 않는다면 바다는 물 한 방울이 줄어 있겠죠. 당신 자신, 당신의 가정, 당신이 다니는 교회도 마찬가지입니다. 단 하나, 하나에서 시작하세요.

진정한 사랑

요한 볼프강 폰 괴테

언제까지나
변하지 않아야만 진정한,
사랑이다.

일체를 준다 하더라도,

일체를 거부당한다 하더라도,

변하지 않는 것이야말로
진정한 사랑이다.

온 마음을 다해 사랑의 활동을 하기

마더 테레사

나는 알바니아 집안에서 태어났고
인도의 시민이며 가톨릭 수녀입니다.

나는 온 세상에 속하라는 소명을 받았고
내 마음은,
예수의 마음에 온전히 속해 있습니다.

그리고 우리는 종교나 종파와 관계없이
사랑의 활동을 하도록
사람들을 격려해 주는 일을 합니다.

온 마음을 다해 사랑의 활동을 하다 보면
하나님을 만나게 됩니다.

인생을 헛된 꿈이라고 생각지 마라

버트런드 러셀

인생을 헛된 꿈이라고
생각하는 것도 일종의 체념이다.
대개 이와 같은 생각은
과거의 어떤 실패로 인해
현재 자기 위치를 낮추는 것을 의미한다.
인생을 아무렇게나 되라 하고
내던질 수는 없는 것이다.
그것은 말하자면 자기 학대인 것이다.
적극적인 체념은 어제의 실패를
오늘의 출발점으로 삼는 법이다.

모든 원인은 자신의 내부에 있다

에픽테토스

어떤 불유쾌한 일이나
곤란한 일의 원인을
남의 탓으로 돌리지 마라.

혹은 운명의 장난이라고도 생각지 마라.

자기 자신의 내부에 어떤 무엇이
정당하지 못했다는 것을 알아야 한다.

인간이 느끼는 대부분의 불쾌한 일,
곤란한 일은 자기 자신의 내부에
그 원인이 있는 것이다.

사랑을 하는 자가 갖춰야 할 첫 번째 조건

앙드레 지드

사랑을 하는 자가 갖춰야 할
첫째 조건은 그 마음이 순결해야 한다.
상대방의 인격을 존중하지 않고는
진실한 연애라고 할 수 없다.
그리고 그 마음과 뜻이 흔들림이 없어야 한다.
신의 앞에서도 부끄러움이 없고,
동요함이 없어야 한다.
동시에 대담성이 있어야 한다.
장애물에 굴하지 않는 용기를 지녀야 한다.
이와 같은 조건이 갖추어졌다면
그것은 참된 애정이고 진실한 연애다.

세상에 극복할 수 없는 문제란 없다

돈 에직

아무런 걱정도,
문제도 없다면 인생이 얼마나 즐거울까?
누구나 한 번쯤
이런 생각을 해보았을 것이다.
하지만 문제 없는 인생이란 있을 수 없다.
이런 생각은 그저 환상에 지나지 않는다.
우리가 할 수 있는 최선은,
문제가 무엇인지 정확히 간파하고
그 상황을 개선할 수 있는
계획을 세운 다음 그대로 실천하는 것이다.
즉 문제에 직면했을 때는
왜 그런 문제에 봉착하게 되었는지를 분석하고
위기를 기회로 바꿀 수 있는 방법을 강구해야 한다.
세상에 극복할 수 없는 문제란 없다.

감정이 격해지지 않게 하라

채근담

감정이 격하면
매사를 바르게 느낄 수가 없다.
또한 감정이 열처럼 높아지고
마음이 어두워지니,
옳고 그른 것과
그리고 선악을 판단하지 못한다.
그러므로 감정이 격할 때면
마음을 가라앉혀야 하며
감정이 열처럼 높아지면
마음을 차게 식혀야 한다.

똑똑함과 친절함

탈무드

똑똑하기

보
다
는

친절한 편이 더 낫다.

가장 나쁜 사람

토마스 풀러

가장
나쁜 사람은

용서를
모르는 사람이다.

레이건의 삶의 철학

<u>로널드 레이건</u>

내 삶의 철학은 다음과 같다.

인생에서 이루고자 하는 것을
생각해 결심을 굳히고,

그런 다음
그 목표를 향해 매진하면
결코 손해 보지 않는다.

어떻게든 성공하니까 말이다.

열정을 불러일으키는 평범한 생각

메리 케이 애시

열정을
불러일으키는 평범한 생각이
아무에게도
영감을 주지 못하는
훌륭한 생각보다,

더 많은 것을 이루게 한다.

사라 문의 신념

<u>사라 문</u>

나는
나 자신을 위한 작업을 한다.

패션계의 주문을 받아도

지금,
스타일과는 다른
좀 더 틀에 박히지 않고
풍부하게 표현하려는
나만의 작업을 한다.

작은 일에도 전력을 다하라

존 워너메이커

사람들은 어떻게 하면
성공할 수 있는지에 대해 알고자 한다.
그러나 성공의 방법도 비결도 알 필요가 없다.
성공의 방법과 비결이 따로 있는 것이 아니다.
만일 그 방법이나 비결이 있다면
그것을 멀리 찾을 것도 없이
당신의 손닿을 곳에 있다.
당신의 할 일이 비록 작은 일일지라도
전력을 다하라.
성공으로 향하는 길은 당신의 의무와
당신이 할 수 있는 일 속에 있다.
성공한 모든 사람들은
그 자신이 할 수 있는 일들을 게을리하지 않고
꾸준히 해 나간 사람들이다.

이사도라 던컨의 발레에 대한 철학

이사도라 던컨

발레는
일부 사람들만
즐기는 무용이 아니다.

발레는
누구나 즐겨야 한다.

그것이
내가 생각하는 발레다.

낙관적인 태도

알렉산더 로이드

낙관적인 태도는

목표 달성에

필수 불가결한 요소이며

용기와

진정한 발전의 토대다.

나이가 들면서
깨닫게 되는 것들

김옥림

나이가 들수록
잘한 일보다는 잘못한 일만 생각난다.

나이를 먹어갈수록
산다는 일이 참 고맙다는 생각이 든다.

나이가 들수록
삶에 부끄럽고 미안한 생각이 더해간다.

나이를 먹어갈수록
후회와 참회의 눈물만 늘어간다.

나이가 들수록
세상의 모든 진실은 거짓과 아픔을 딛고
존재한다는 것을 알게 된다.

나이를 먹어갈수록
자신이 하는 말과 행동이 고스란히 자신을 향해
달려온다는 것을 깨닫게 된다.

나이가 들어 나이를 먹어갈수록
지난날들이 추억이 되어 그리움으로 남는다.

나이가 들어간다는 것은
삶의 무게를 알아가는 눈을 갖게 된다는 것이다.

삶은 모험이다

랠프 왈도 에머슨

삶은 모험이다.
살 수 있는 동안 열심히 살아라.

오늘은
결코 다시 오지 않으며
내일은 오직 한 번 올 뿐이고,
어제는 영원히 가버린 상태다.

현명하게 선택하고
당신이 만들어낸 모험을 만끽하라.

8

우리의 삶은 삶에 갖는
태도에 따라 달라진다

새벽이 올 때까지

윤동주

다들 죽어가는 사람들에게
검은 옷을 입히시오.

다들 살아가는 사람들에게
흰옷을 입히시오.

그리고 한 침대에
가지런히 잠을 재우시오.

다들 울거들랑
젖을 먹이시오.

이제 새벽이 오면
나팔 소리 들려올 게외다.

공기인간

마빈 토케이어

우리는
여러 가치관이 병존하는
시대에 살고 있다.

자신의 가치관을 살리기 위해서는
공기인간이 되어야 한다.

공기처럼 가볍고
어떤 곳도 파고들 수 있는,

누구에게나 꼭 필요한 것을
갖추고 있는 사람이 되어야 한다.

탐험하고 꿈꾸며 발견하라

마크 트웨인

앞으로 이십 년 후에
당신은 시도한 일보다는
시도하지 않은 일에
더 실망하게 될지도 모른다.

그러니 밧줄을 풀고
안전한 항구를 벗어나 항해하라.

돛에 무역풍을 가득 담고
탐험하고, 꿈꾸며, 발견하라.

진리에 이르는 길은 단 하나이다

장자크 루소

오류에
이르는 길은 수없이 많다.

그러나
진리에 이르는 길은,

단
하나다.

배움의 목적

제임스 브라이스

배움의 목적은
사람이 지갑에 돈을
간직하고 있는 것과 같이
지식을 가지고 있는 데
있는 것이 아니라,
지식을 우리 자신의 몸에
스며들게 하는 데 있다.
먹는 식량이 활력을 주고
힘을 돋우는 혈액이 되는 것처럼
배운 지식을
자신의 사상으로 만드는 데 있다.

진정한 여행의 목적

마르셀 프루스트

진정 무엇인가를

발견하는 여행은

새로운 풍경을

바라보는 것이 아니라

새로운 눈을 가지는 데 있다.

우리의 삶은 삶에 갖는
태도에 따라 달라진다

매들렌 렝글

우리의 삶은
우리에게 일어나는 일이 아니라
우리가 거기에
어떻게 반응하느냐에 따라 달라진다.
또 삶이 우리에게 주는 것이 아니라
우리가 삶에 갖는 태도에 따라 달라진다.
긍정적인 태도는 연쇄반응을 일으켜
긍정적인 생각과 긍정적인 사건,
긍정적인 결과를 가져온다.
그것은 촉매제와 같으며,
놀라운 결과를 일으키는 불꽃과 같다.

가장 큰 해를 끼치는 자

알프레드 아들러

다른 사람에게
흥미를 가지지 않는 자가
인생의 큰 어려움을 가진 자로서
다른 사람에게
가장 큰 해를 끼치는 자이다.

인간의 모든
실패의 원인은 그런 자들 때문이다.

지고至高의 경지

우파니샤드

모든 감정들이

고요할 때,

마음이 평안하게 되었을 때,

지성知性이 흔들리지 않고 있을 때,

이때를 현자는

지고至高의 경지라고 말한다.

생각은 인생의 소금이다

에드워드 조지 얼리 리튼

좋은 음식이라도
소금으로 간을 맞추지 않으면
그 맛을 잃고 만다.

모든 행동도
음식과 같이 간을 맞춰야 한다.

음식을 먹기 전에 간을 먼저 보듯이
행동을 시작하기 전에 먼저 생각해야 한다.

생각은 인생의 소금이다.

만일 당신이 모든 것을 사랑할 수 있다면

도스토옙스키

모든 잎사귀를 사랑하라.
모든 동물과 풀들 모든 것을 사랑하라.
당신 앞에 떨어지는 빛줄기 하나까지도.

만일 당신이 모든 것을
사랑할 수 있다면
모든 것 속에 담긴 신비를 보게 되리라.

만일 당신이
모든 것 속에 담긴 신비를 본다면
날마다 더 많이 모든 것을 이해하리라.

그리고 마침내는
모든 것을 받아들이고
당신 자신과 세상 전체를 사랑하게 되리라.

사랑은 사랑만으로도 충분한 것

칼릴 지브란

사랑이 그대를 부를 때엔 그를 따르라.
비록 그 길이 험하고 가파를지라도.

사랑의 날개가 그대를 품어 안을 때엔
그에게 온몸을 내맡겨라.
비록 그 날개 안에
숨은 칼이 그대에게 상처를 줄지라도.

사랑이 그대에게 말할 때엔 그를 믿으라.
비록 폭풍이 정원을 폐허로 만들듯이
사랑의 목소리가 그대의 꿈을 흩트려 놓을지라도.

사랑은 사랑 외엔 아무것도 주지 않으며
사랑 외엔 아무것도 바라지 않는 것,
사랑은 소유하지도 소유당할 수도 없는 것.
사랑은 사랑만으로도 충분한 것.

사람은 누구나
만족스러운 삶을 꿈꾼다

바바라 골든

사람은 누구나 만족스러운 삶을 꿈꾼다.
어떻게 하면 만족스러운 삶을 살 수 있을까.
만족을 얻는 방법은 여러 가지다.
자신이 원하는 대로 다른 사람을 조종할 수도 있고,
물질적인 것으로 삶을 채울 수도 있다.
하지만 그것은 주위의 한시적 부러움만 살 뿐
진정으로 의미 있고, 즐거운 인생이 되지 않는다.
그렇다면 진정한 내면의 만족과
기쁨을 얻을 수 있는 방법을 찾아보자.
오래전부터 내려오는 현인들의 격언을 보면
남을 섬기는 삶 속에서 참된 기쁨과 행복을
찾을 수 있다는 공통적인 메시지를 발견할 수 있다.
다른 사람들에게 인정받거나
감사의 말을 듣기 위한 겉치레가 아니라
마음에서 우러나와 다른 사람을 섬겼을 때
진정한 기쁨을 느낄 수 있다는 것이다.

진심으로 사랑을 실천할 수 있는 방법을 찾아라.
크고 거창할 필요는 없다.
작은 것부터 시작하고 그 행동이
당신의 인생을 어떻게 변화시키는지 지켜보라.

진실도 때론 상처가 될 수 있다

앙드레 지드

진실도 때로는

우리에게 상처가 될 수도 있다.

하지만 그것은

머지않아 치료를 받을 수 있는

가벼운 상처이다.

타인의 경험으로부터
도움을 받는다는 것

파울로 코엘료

아무리 독창적인 것을 꿈꾸더라도
언제나 똑같은 꿈을 그보다 먼저
꿨던 사람들이 있다.
그리고 그들이 남긴 자취는
산을 오르는 사람들의 발걸음을 가볍게 해준다.
적절한 자리에 설치된 로프나
사람들의 발자국으로 다져진 오솔길,
길을 가로막는 나뭇가지들을 쳐내고
앞서간 사람들의 흔적 덕분에 산에 오르는 길은
한결 수월해진다.
산을 오르는 사람들은 우리 자신이며,
그 경험에 대한 책임을 지는 것 역시 우리 자신이다.
따라서 언제나 우리는 타인의 경험으로부터
도움을 받는다는 것을 잊지 말아야 한다.

유능한 선장은 어떻게 만들어지는가

사무엘 다니엘

좋은 선장은
육지에 앉아서 될 수 없다.

바다에 나가
거친 폭풍을 만난 경험이
유능한 선장을 만든다.

격전의 들판에 나서야
비로소 전쟁의 힘을 이해할 수 있다.

사람의 참된 용기는
인생의 가장 곤란한 또는 가장 위험한
위치에 섰을 때 비로소 나타난다.

현자의 품격

공자

현자는 자기 자신에게 엄격하지만
남들한테는 아무것도 요구하지 않는다.
그는 언제나 자신의 처지에 만족하며
자신의 운명에 대해 하늘을 원망하거나
남들을 비난하지 않는다.
그는 낮은 자리에 있으면서 운명에 순종한다.
그러나 어리석은 자는 지상에서 행복을 찾으려다
종종 위험에 빠진다.
활이 과녁을 맞히지 못하면
궁수는 자신을 탓하지 남을 탓하지 않는다.
현자도 그처럼 처신한다.

질투는 천 개의 눈을 가지고 있다

탈무드

질투는

천 개의 눈을 가지고 있다.

그러나

어느 한 가지도

올바르게 보지 못한다.

9

선택은
우리 자신의 몫이다

인생의 길이

<u>그리스 격언</u>

인생은

행복한 사람에게는
짧고,

불행한 사람에게는
지루하다.

선택은 우리 자신의 몫이다

마르틴 루터

선택은 우리 자신의 몫이다.
우리는 머리 위로 날아다니는
새들을 물리치지는 못한다.
그러나 내 머리 위에
집을 짓는 것은 막을 수 있다.
뇌리를 스치는
나쁜 생각도 마찬가지이다.
우리는 악한 생각을 중지시킬 수는 없다.
그러나 악한 생각이
머릿속에다 집을 지어놓고
제멋대로
악한 행위를 하는 것은 막을 수 있다.

침묵의 지혜

존 러스킨

어리석고
무지한 인간에 대한
가장 좋은 대응 방법은 침묵이다.
그런 사람에게 말대답을 하면
그 말은 곧 당신에게 되돌아온다.
비난을 비난으로써 갚는 것은
타오르는 불 속에
장작을 넣는 것과 같다.
자기를 비난하는 자에게
온화한 미소를 보낼 줄 아는 사람은
이미 상대방을 이긴 것과 같다.

사랑의 본질

D. 리다

사랑은

누군가를 향해

나를 버림으로써

보이지 않던

나를 발견하는 것이다.

최선의 상책

손자병법

백 번 싸워
백 번 이기는 것은
최선의 상책이라고 할 수 없다.

싸우지 않고
적을 굴복시키는 것이
최선의 상책인 것이다.

성인의 도道

노자

성인은 억지로 일을 처리하지 않고
말없이 가르침을 행한다.

모든 일이 생겨나도 말하지 않고,
생겨나게 하고도 소유하지 않는다.

무엇을 해도 드러내지 않으며,
공을 세우고도 거기에 기대지 않는다.

머물고자 하지 않으므로,
이룬 일이 허사로 돌아가지 않는다.

기도와 근로

하인리히 폰 풀러

기도는
하늘의 축복을 가져오며
근로는 대지의 축복을 캐낸다.

기도는
하늘의 수레이며
근로는
지상의 수레이니,

둘 다 행복을 가져다준다.

마음의 평화

로렌스 굴드

사람은 가난해도
가난한 대로 만족을 찾을 수 있다.

그러나 많은 사람들은
자기가 느낄 수 있는 행복보다는
남을 부러워하고
칭찬해주는 그런 행복을 바라고 있다.

남이 칭찬하고 부러워한다고 해서
내가 행복할 것은 하나도 없다.

행복이란 내 자신의
마음의 평화를 얻는 데서 온다.

자신의 욕망에 따라 사물을 변화시켜라

마르셀 프루스트

우리는 스스로의 욕망에 따라
자기 주위의 사물을 변화시킬 수 있다고 믿는다.
그 까닭은 그렇지 않고서는 유리한 해답을
찾을 수 없기 때문에 이렇게 말하는 것이다.
우리는 대체로
이 우연히 생긴 유리한 해답을 잊고 만다.
왜냐하면 우리는 우리의 욕망에 따라
사물을 변화시키지 못하고 점차로 우리의 욕망이
변화시켜버리기 때문이다.
단호히 결심한 대로 장애물을 극복하지 못하고
인생은 우리로 하여금
그 장애물을 우회하여 지나쳐버리게 한다.
그리하여 우리들이 되돌아 그 소원하여 버린
과거를 응시하여 보아도 그것은 시야에 들어오지
않는다.
그렇게 해서 보이지 않게 되어버린 것이다.

이상은 태양과 같다

자크 프레베르

이상은

태양과 같은 것이다.

그것은

이 땅 위의 모든 먼지를

자기 앞으로 흡수해버린다.

참다운 정열은 아름다운 꽃이다

오노레 드 발자크

참다운 정열이란

아름다운 꽃이다.

그것이 피어난 땅이 메마른 곳일수록

한층 더,

보기에 아름다운 법이다.

영웅과 범인凡人

로맹 롤랑

영웅이란

자기가 할 수 있는 일을 하는 사람이다.

그러나 범인凡人은

할 수 있는 일은 안 하고

할 수 없는 일만을 바라고 있다.

인생은 학교다

그라나스키

인생은 학교다.

그리고 거기서의 실패는

성공보다

두드러진 교사이다.

희망과 용기

부델리크

희망을 놓치더라도
용기를 놓쳐서는 안 된다.

희망은 때에 따라서는
사람들을 속이지만,

용기는 사람의 힘을 북돋아 준다.

독수리가 잘 나는 까닭은

<u>마돈나 파커</u>

독수리가 넓은 하늘을
자유롭게 날기까지에는

몇 번이나 약한 날개 때문에
강풍에 땅에 떨어지곤 한다.

그 연습을 견디지 못했다면
아무리 독수리일지라도
땅 위를 기어다녔을 것이다.

하루도 일생이다

쇼펜하우어

하루도 자그마한 일생이다.

날마다 잠이 깨어
자리에서 일어남이 그날의 탄생이며,

시원한 아침마다 짧은
청년기를 맞는 것과 다름없다.

그러나 자리에 누울 때는
그날 하루의 황혼기를
맞는다는 것을 알아야 한다.

희망은 힘이며 용기는 의지에서 온다

펄벅

힘은
희망을 가진 사람에게 있고,

용기는
속에 있는,

의지에서 우러나는 것이다.

이런 사랑

버지니아 울프

세상에 둘 도 없는 친구나
이 세상 하나뿐인 다정한 엄마도
가끔 멀리하고 싶을 때가 있는데
당신은 아직 한 번도 싫은 적이 없습니다.
어떤 옷에도 잘 어울리는 벨트나
예쁜 색깔의 매니큐어까지도
몇 번 쓰고 나면 바꾸고 싶지만
당신에 대한 마음은 아직 한 번도
변한 적이 없습니다.
새로 산 드레스도
새로 나온 초콜릿도
며칠만 지나면 곧 싫증나는데
당신은 아직 한 번도
싫증난 적이 없습니다.
오래 숙성된 포도주나 그레이프 디저트도
매일 먹으면 물리는데
당신은 매일매일 같이 있고 싶습니다.

두려움과 존경심

알베르트 카뮈

두려움 때문에

갖
는

존경심만큼 비열한 것은 없다.

본질적인 것은 눈에 보이지 않는다

생텍쥐페리

사랑은

오직,

가슴으로만 볼 수 있다.

본질적인 것은

눈에 보이지 않는다.

10

고통은
정신의 양식이다

승리와 실패의 차이

크리스티 매튜슨

승리하면

조금 배울 수 있고,

실패하면

모든 것을 배울 수 있다.

촛불이 되거나 그것을 비추는 거울이 되거나

이디스 워튼

빛을
퍼뜨릴 수 있는
두 가지 방법이 있다.

촛불이 되거나,

그것을
비추는 거울이 되는 것이다.

재물도 행복도 스스로 만들어라

조지 버나드 쇼

재물을 스스로
만들지 않는 사람에게는
쓸 권리가 없듯이

행복도 스스로
만들지 않는 사람에게는
누릴 권리가 없다.

말하는 대로 된다

존 F. 케네디

당신이 자신을

2위로 만족한다고

일단 말하면,

당신의 인생은

그렇게 되기

마련이라는 것을 나는 깨달았다.

레오나르도 다 빈치의 말

레오나르도 다 빈치

쇠는
안 쓰면 녹슬고

고여 있는 물은
흐려지며

게으름은
정신의 활력을 앗아간다.

이해해야 할 대상

마리 퀴리

인생도

어떤 것도

두려움의 대상이 아니다.

다만,

이해해야 할 대상일 뿐이다.

푸른 자유

김옥림

하늘을 나는 새를 보면 무한한 자유를 보는 것 같아 가슴이 맑아옴을 느낀다. 눈이 부시도록 파란 하늘을 유유히 떠서 점점이 날아가는 새들의 비행은 사람들 가슴에 순진무구한 동심을 길러준다. 이런 해맑은 동심은 라이트 형제에 의해 비행기를 만들게 했고, 마침내 사람들은 하늘을 나는 기쁨을 누리게 되었다.

예로부터 새는 무한한 자유의 상징이었으며 누구나 한 번쯤 새가 되어 하늘을 나는 꿈을 꾸었다. 그러나 사람들은 새들의 멋진 비행만 보았지 그렇게 날기 위해 숱한 날갯짓을 해야 한다는 것은 관심밖에 두었다. 멋지게 날아가기 위해서는 숨 가쁜 날갯짓을 해야 하는 수고를 감수해야 한다. 날갯짓의 수고가 멈추어지는 순간 새는 더 이상 멋진 비행을 감행할 수 없다.

마찬가지로 사람들도 무한한 사상적 자유를 위해서는 홀로 있는 시간과 사색의 풍유를 즐겨야 한다. 자유가 지나치면 방종이 되고 도를 넘으면 혼란을 가져와 삶의 정체성이 위협받게 되는 상황에 처하게 된다. 참된 자유는 혼란과 무질서를 바로잡고 삶의 정체성을 바르게 한다.

진정한 삶을 꿈꾸는가. 그렇다면 자유의 참된 가치를 몸소 실천하라.

인간이 환경을 만든다

벤저민 디즈레일리

환경이 인간을 만드는 것이 아니라

인간이 환경을 만드는 것이다.

왜냐하면 인간은 잘만 지도하면

참고 따라가기 때문이다.

오히려 인간은 인간의 지도를 받았으면

하는 생각을 가지기까지 한다.

베이컨의 논리

프랜시스 베이컨

역사는 인간을 현명하게 하고
시는 영리한 인간을 만든다.

수학은 인간을 고상하게 하고,
자연철학은 인간을 심오하게 하고,
도덕은 인간을 무겁게 만들며,
논리학과 수사학은
인간을 능한 논쟁자가 되게 한다.

행복에는
날개가 있다

프리드리히 실러

행복에는 날개가 있다.

붙

들

어

두기란 어려운 것이다.

가상 값싸고
좋은 시간의 활용법

카를 힐티

일한 대가로 얻는 휴식은
일한 사람만이 맛보는 쾌락이다.

일하고 난 후가 아닌 휴식은
식욕이 없는
식사와 마찬가지로 즐거움이 없다.

가장 유쾌하면서도
가장 크게 보람되고
또 가장 값싸고 좋은 시간의 활용법은
항상 일하는 것이나.

인생의 기술

사무엘 버틀러

인생이란

불충분한 전제에서

충분한 결론을

이끌어 내는 기술이다.

사색의 힘

존 로크

독서는 다만
지식의 재료를 공급할 뿐

그것을
자기 것이 되게 하는 것은
사색의 힘이다.

가까이에서 타인을 바라보라

프리드리히 니체

많은 사람들은
자신에게는 너그러우면서
타인에게는 엄격한 잣대를 들이댄다.
어째서 이 같은 일이 일어날까.
스스로를 볼 때는
너무 가까운 거리에서 바라보는 반면
타인을 볼 때는 너무 먼 거리에서
윤곽만을 어렴풋이 보기 때문이다.
이 거리를 반대로 두고
차분히 타인을 관찰하면 타인은 그만큼
비난받아 마땅한 존재가 아니며,
자신은 생각만큼 너그럽게 허용할 만한
존재가 아니라는 사실을 깨닫게 된다.

말을 아끼되 꼭 필요할 말만 하라

묵자

말이란
꼭 많이 해야만 잘하는 것이 아니다.

세상의 모든 만물들은
말하지 않아도 제 몫을 잘 해낸다.

꽃이 말하는 것을 보았는가?

해와 달이 말하는 것을 보았는가?

당연히 못 봤을 것이다.
하지만 그들은 자신의 일을 잘 해낸다.

사람의 말도 이와 같다.
말을 많이 한다고 해서
다 쓸모가 있는 것은 아니다.

용기를 잃는다는 것은

윈스턴 처칠

돈을
잃는 것은 적게 잃은 것이다.

그러나 명예를 잃은 것은
크게 잃은 것이다.

더더욱 용기를 잃는 것은
전부를 잃는 것이다.

일에 열중하는 지혜

데일 카네기

어떤 일에 열중하기 위해서는

그 일을 올바르게 믿고,

자기는 그것을 성취할 힘이 있다고 믿으며,

적극적으로 그것을

이루어 보겠다는 마음을 갖는 일이다.

그러면 낮이 가고 밤이 오듯이

저절로 그 일에 열중하게 된다.

결단력의 정의

<u>피터 드러커</u>

결단력이란

불확실한 상황에서 의사를

결정하는 일이다.

의사결정이라는 것은

행동으로

옮기겠다는 결심과 각오다.

고통은 정신의 양식이다

블레즈 파스칼

우리는 매일 먹고 또,
잠을 자지만 지치지 않는다.

왜냐하면,
주림과 수면이 새로 오기 때문이다.

만약 평화와 행복만이 계속된다면
우리의 정신은 단박에
지쳐버리고 말 것이다.

고통은 정신의 양식이다.

사람에게 고통이 없다면
극히 무능력 상태가 오고 말 것이다.

알찬 성과를 얻는 법

단테

한 발짝 천천히 걸어도
목적지에 닿을 수 있다고 생각하지 마라.

한 발짝은 그 자체로써
가치가 있어야 한다.

커다란 성과는
조그만 가치가 모여 이루어지는 것이다.

알찬 성과를 얻으려면 한 발짝,
한 발짝 힘차고 충실하지 않으면 안 된다.

인간을 이해하는 방법

생트뵈브

인간을 이해하는 방법은

단 한 가지밖에 없다.

그들을 판단함에 있어서

결코 서둘러서는

안 된다는 것이 바로 그것이다.

아직 남아 있을 때

<u>서양 격언</u>

힘이
아직 그대를 버리기 전에
마음을 갈아 넣어라.

빛이
아직 남아 있을 때
기름을 넣어라.

희망을 갖는다는 것

로버트 슐러

절벽 가까이
나를 부르셔서 다가갔습니다.
절벽 끝에
더 가까이 오라고 하셔서 다가갔습니다.

그랬더니 절벽에
겨우 발을 붙이고 서 있는 나를
절벽 아래로 밀어버리는 것이었습니다.

물론 나는 그 절벽 아래로 떨어졌습니다.

그런데 나는 그때까지
내가 날 수 있다는 사실을 몰랐습니다.

행복 속에서 살라

레프 N. 톨스토이

행복 속에서 살라.
기쁨 속에 하루하루를 보내라.
죽음에 임해서는 아무도
그대에게 어찌하여 이 세상이
이 지경이 되었느냐고 묻지 않을 것이다.

아침은 어둠의 장막을 거두었다.
무엇을 탄식하는가.
일어나라, 아침을 칭송하자.
우리의 호흡이 끊어진 뒤에도
아침은 줄기차게 숨 쉬고 있을 것이다.

혼자 길에서 뒹구는 저 작은 돌은

에밀리 디킨슨

혼자 길에서
뒹구는 저 작은 돌은
얼마나 행복할까.

세상의 출세는 아랑곳없고
급한 일 일어날까 하는 조바심도 전혀 없네.

천연의 갈색 옷은
지나던 그 어느 우주가 입혀주었나.
그 누구에게도 의지하지 않고
혼자 살고 혼자 타오르는 태양처럼
꾸미지 않고 소박하게 살며
하늘의 뜻을 온전히 따르네.

행복의 비결

랠프 왈도 에머슨

적게 바라고 스스로 노력해 만족을 얻는 것,
무언가를 얻기 위해 수단 방법을 가리지 않고
덤벼들기보다 언제나
남에게 베풀 수 있는 마음을 가는 것,
이보다 더 확실한 행복의 비결은 없다.

모든 면에서 많은 혜택을 누리는 것보다
자기에게 필요한 것을 만족시키는 것이
행복에 더 가까이 다가서는 태도다.

물론 몇몇 소수의 사람들에게
반감을 살 수 있는 말인지도 모르겠지만,
이것이야말로 모든 사람들에게
두루 적용될 만한 가장 확실한 행복의 비결이다.

시련을 견디는 힘

마르쿠스 아우렐리우스

차분히
선행을 이루고 싶지만
뜻대로 되지 않더라도 결코
낙심하지 말라.

만약 그것이
가치 있는 일이라고 생각된다면
아무리 높은 곳에서 떨어지더라도
다시 그리고 올라가도록 노력하라.

시련을 견디는 힘은
오직,
겸양을 통해서만 얻어지는 것이다.

| 수록자 명단 및 도서 목록 |

◆ 데일 카네기 (Dale Carnegie 1887~1955)

미국 출생. 자기계발 전문가이자 강연자이다. 〈데일 카네기 연구소〉 소장. 데일 카네기는 처음부터 처세술의 대가가 아니었다. 그 또한 평범한 사람에 불과했다. 그는 위런스버그 주립 사범대학을 졸업하고 네브레스카에서 교사로 아이들을 가르쳤다. 그는 더 늦기 전에 새로운 것에 도전을 해보고 싶어 교사를 그만두었다. 그는 자신의 꿈의 프로젝트인 '인간관계를 위한 대화와 스피치'에 대한 강연을 시작했다. 자신의 삶이 새롭게 변화하기를 꿈꾸던 사람들에게 그의 강연은 매우 획기적인 것이었다. 그의 강연을 들은 사람들은 열광했고, 많은 사람들이 그의 강연을 듣기 위해 몰려왔다. 그는 〈데일 카네기 연구소〉를 설립하고 '인간경영과 자기계발' 강좌를 개설하여 많은 사람들에게 꿈을 심어주었다. 주요 저서로는 《카네기 처세술》, 《카네기 성공철학》 외 다수가 있다.

◆ 알프레드 아들러 (Alfred Adler 1870~1937)

오스트리아의 의사이자 정신의학자이며 개인심리학의 창시자이다. 저서로 《다시 일어서는 용기》, 《삶의 의미》, 《아들러의 심리학》, 《인간적인 너무나 인간적인》 외 다수가 있다.

◆ 맹자(孟子 B.C 372~B.C 289)

중국의 고대 철학자로 추나라 사람이다. 어린 나이에 아버지를 여의고 어머니 슬하에서 자랐다. 그의 어머니는 아들 맹자를 잘 키우기 위해 3번이나 이사를 했다. 이를 가리켜 맹모삼천(孟母三遷)이라 한다. 젊은 시절의 그는 공자의 손자인 자사의 문하생으로 수업했다. 그로 인해 공자의 사상을 고스란히 이어받았다. 그 또한 많은 사람들을 가르쳤고, 제나라 관리로서 일하기도 했다. 특히, 맹자는 각국을 돌아다니며 제후들에게 인정을 베풀라고 말했다. 그리고 그는 백성들의 복지를 돌보아야 할 책임이 있다고 주장하여 맹자를 '백성들을 위한 철학자'라고 부르기도 한다. 맹자는 사람은 누구나 태어날 때부터 착하다는 '성선설'을 주장한 것으로 유명하다. 주요 저서로는 어록《맹자》가 있다.

◆ 벤자민 프랭클린(Benjamin Franklin 1706~1790)

미국 건국의 아버지 중 한 사람으로 정치가이자 발명가이다. 그는 어린 시절 가난으로 학교를 그만두고 10살 때 형의 인쇄소에서 일을 배워, 훗날 인쇄업으로 성공했다. 그는 펜실베이니아주 하원의원이 되었으며, 체신장관대리가 되어 우편 업무 발전에 크게 기여했다. 그는 올버니회의에 펜실베이니아 대표로 참석해 최초의 식민지연합안을 제안했다. 그는 영국에 파견되어 식민지에 자주 과세권을 획득했고, 인지조례의 철폐를 성공시켰다. 영국에서 귀국한 그는 제2회 대륙회의의 펜실베이니아 대표로 뽑혔고, 1776년에는 독립선언 기초위원에 임명되었다. 프랑스로 건너가 아메리카의 프랑스 동맹을 성립시켰으며, 프랑스의 재정원조를 얻는 데 성공했다. 그는 1783년 파리조약 미국 대표의 일원이 되었으며, 귀국해서는 펜실베이니아 행정위원회 위원장이 되었다. 그는 피뢰침과 다초점 렌즈를 발명한 발명가이기도 하다. 100달러 초상화의 주인공으로 미국 국민들이 가장 존경하는 인물 중 한 명이다.

◆ 헨리 데이비드 소로(Henry David Thoreau 1817~1862)

미국의 철학자, 시인, 수필가이다. 하버드대학을 졸업하고 연필제조업, 교사, 측량 업무 등에 종사하기도 했다. 하지만 그는 문학과 철학에 깊이 심취해 집필활동에 열중했다. 그는 노예제도와 멕시코전쟁에 항의하여 월든의 숲에 작은 오두막집을 짓고 살았다. 그는 인두세 거부로 투옥당했으며, 노예운동에 헌신했다. 그의 이런 사상은 간디와 마틴 루터 킹 목사에게 큰 영향을 주었다. 소로는 에머슨과 더불어 위대한 초월주의 철학자이며 미국 르네상스의 원천이었다. 그의 일생은 물욕과 인습의 사회 및 국가에 항거하여 자연과 인생의 진실에 관한 문제에 대해 연구하고 그것을 저술하는 매우 의미 있는 삶이었다. 주요 저서로《고독의 즐거움》,《월든》외 다수가 있다.

◆ 성 보나벤뚜라(Bonaventura, St 1217~1274)

이탈리아의 주교, 추기경, 프란치스코회 작은 형제회 총장, 스콜라 학자이다.

◆ 마틴 루터 킹(Martin Luther King 1929~1968)

미국 침례교회 흑인 목사이자 인권운동가. 킹은 미국 조지아주 애틀랜타에서 출생했다. 그는 어린 시절부터 흑인들에 대한 백인들의 인권탄압으로부터 흑인들을 해방시켜야 한다는 꿈을 가지고 있었다. 그는 자신의 꿈을 이루기 위해서는 배워야 한다는 굳은 신념으로 1955년에 보스턴대학에서 신학박사 학위를 받았다. 그리고 하버드대학에서 철학박사 학위를 받았다. 공부에 대한 그의 집념은 집착에 가까울 만큼 열성적이었다. 그는 그리스도교 지도회의를 결성하고, 인종차별에 반대하는 투쟁을 벌여 수차례나 투옥되었다. 하지만 그는 굴복하지 않고 계속해서 인권운동을 펼쳐나간 끝에 승리를 거둬 흑인들의 인권을 회복시켰다. 주요 저서로《왜 우리는 기다릴 수 없는가》가 있다.

◆ 헤르만 헤세(Herman Hesse 1877~1962)
독일의 시인이자 작가이다. 주요 작품으로는 《데미안》, 《싯다르타》, 《유리알 유희》 외 다수가 있다. 《유리알 유희》로 1948년 노벨문학상을 수상했다.

◆ 박경리(1926~2008)
소설가. 금관문화훈장을 받았다. 제6회 호암예술상을 수상했으며, 주요 작품으로 《토지》, 《불신시대》, 《김약국의 딸들》 외 다수가 있다.

◆ 미겔 데 세르반테스(Miguel de Cervantes Saavedra 1547~1616)
스페인의 문호. 주요 작품은 《돈키호테》, 《모범 소설집》이 있다.

◆ 다릴 앙카
미국에서 활동 중인 미국계 아랍인 뉴에이지 명상가이다. 주요 저서로는 《가슴 뛰는 삶을 살아라》가 있다.

◆ 랠프 왈도 에머슨(Ralph Waldo Emerson 1803~1882)
미국의 사상가, 시인, 수필가이다. 에머슨은 유니테리언 교회 목사 아들로 태어났다. 그는 보스턴공립 라틴어 학교에 입학해 시를 즐겨 썼는데 좋은 반응을 얻었다. 대학을 마친 그는 목사가 되었다. 그는 뛰어난 설교로 명성을 얻었지만, 아내가 죽고 신앙과 직업에 대해 깊은 회의에 빠졌다. 그는 결국 성직에서 물러나 직접 신앙적인 체험을 원해 유럽 여행을 떠났다 돌아와서는 영향력 있는 강연가가 되었다. 또한 그는 저서 《자연》으로 명성을 얻었다. 그 후 수많은 강연을 통해 자신의 사상인 초절주의 사상을 널리 알렸다. 그리고 강연 원고를 모아 《명상록》이라 이름붙여 2권을 펴냈는데 이 책으로 국제적인 명성을 얻었다. 그리고 《오월제》란 시집을 냈는데 이 시집으로 위대한 미국 시인이라는 명예를 얻었다. 주요 저서로 《명상록》, 《영국인의 특성》, 《삶의 지침》 외 다수가 있다.

◆ 엘프레드 조이스 킬머(Alfred Joyce kilmer 1866~1918)
미국의 작가이자 시인이다. 시 〈나무〉로 널리 알려졌다.

◆ 존 G. 휘티어(John Whitter 1807~1892)
미국의 시인이자 언론인이다. 시집 《눈에 갇히다》, 《해변의 텐트》 외 다수가 있다.

◆ 에크하르트 톨레(Eckhart Tolle 1948~)
미국의 21세기 영적교사이다. 주요 저서로는 《지금 이 순간을 살아라》가 있다.

◆ 조르주 클레망소(Georges Clemenceau 1876~1952)
프랑스의 언론인이자 정치가이다.

◆ 제임스 앨런(James Allen 1864~1912)
영국에서 출생. 미국 이민자로 15세에 아버지를 여의고 가장이 되어

가족의 생계를 꾸리기 위해 온갖 역경을 헤치며 사는 과정에서 삶의 본질을 발견하게 됨으로써 삶을 통찰하였다. 그는 자신의 깨달음을 《무엇을 생각하며 살 것인가》라는 책으로 엮어내 많은 호응을 얻었다. 그 후 그는 인간의 삶에 대한 성찰을 통해 사람들에게 불평불만 없이 지혜롭게 살아가는 방법에 대해 역설한 인생의 멘토로서 회자되고 있다. 저서로 《내면의 평화로 가는 길》, 《생각의 지혜》 외 다수가 있다.

◆ 김옥림(1959~)

시인, 소설가, 에세이스트, 아동문학가이다. 저서로는 시집 《나도 누군가에게 소중한 만남이고 싶다》, 《꽃들의 반란》, 《아무렇지도 않게 행복한 날》, 소설 《사랑이 우리에게 이야기하는 것들》, 에세이 《사랑하라, 오늘이 마지막인 것처럼》, 《가끔은 삶이 아프고 외롭게 할 때》, 《사랑의 결》, 《힘들 땐 잠깐 쉬었다 가도 괜찮아》, 《백년 후에 읽어도 좋을 잠언 315》, 《인생이 깊어질수록 다가오는 것들》, 《매일 듣고 싶은 한 마디 365》 외 다수가 있다.

◆ 조지 맬러리(George Mallory 1886~1924)

영국의 등반가로 1920년 세계 최초로 에베레스트를 등정했다. 그 후 1924년 에베레스트 3차 등정에 나섰다 실종되었다.

◆ 루신다 바디

《사랑의 봉불 바녀 테레사》의 저자이다.

◆ 윈스턴 L. 스펜서 처칠(Winston Leonard Spencer Churchill 1874~1965)

영국의 명연설가이자 대정치가이다. 처칠은 영국 명문 귀족인 말버

러가의 후손이다. 그는 공부를 잘하지 못해 해로우 공립학교에 꼴찌로 들어갔고, 성적이 좋지 않아 부모의 바람과는 달리 명문 대학에 진학하지 못했다. 그는 육군사관학교에 두 번이나 떨어지고 세 번째 도전에서 겨우 합격할 수 있었다. 하지만 처칠은 개성이 넘쳤으며 상대방을 자신에게 끌려오게 하는 진지한 설득력과 강한 리더십이 있었다. 그의 뜨거운 열정과 노력은 수많은 경쟁자들 속에서 자신을 단연 돋보이게 했고, 그의 강한 신념과 카리스마에 감복한 영국 국민들의 지지 속에 두 번이나 영국 수상을 지냈다. 처칠의 강한 리더십과 뛰어난 능력은 그를 제2차 세계대전 당시 연합국의 대표적인 지도자가 되게 했으며, 회고록 《제2차 세계대전 The Second World War》으로 노벨문학상을 수상했다.

◆ 윌리엄 셰익스피어(William Shakespeare 1564~1616)

영국의 시인, 극작가. 어린 시절 라틴어를 중심으로 하는 기본적인 교육을 받음으로써 문학적인 재능을 일깨우는 계기가 되었다. 그는 집이 어려워짐에 따라 학업을 중단하고 런던의 한 극단에 들어가 배우가 되었으며 극작가의 길로 나섰다. 그는 궁내부장관극단의 간부가 되었으며, 극단의 전속 극작가가 되었다. 또한 조연 배우로 활동하기도 했다. 그리고 이때 두 편의 장시 〈비너스와 아도니스〉, 〈루크리스의 능욕〉을 발표하여 시인으로서의 재능을 떨쳤다. 그는 평생을 연극인으로 살았으며 영국인들로부터 깊은 존경을 받았다. 주요 작품으로는 그 유명한 《로미오와 줄리엣》, 《햄릿》 외 다수가 있다.

◆ 임마누엘 칸트(Immanuel Kant 1724~1804)

독일의 철학자. 서유럽 근세 철학의 대가로 유명한 임마누엘 칸트는 어려서부터 규칙적인 생활을 몸소 실천했고, 그의 그런 습관은 일생을 살아가는 동안 한 번도 흐트러진 적이 없다. 규칙적인 생활은 자연스럽게 몸에 밴 습관이다. 특히, 철학이라는 심오한 학문은 많은 책을 읽어야 하고, 거듭된 연구를 해야 하는데 그러기 위해서는 많은 인내가 요구된다. 칸트가 이룩한 철학자로서의 업적은 자신과의 싸움에서 이김으로써 이룰 수 있었으며, 그로 인해 자신을 인생의 승리자가 되게 했다. 주요 저서로는 《순수이성비판》, 《실천이성비판》 외 다수가 있다.

◆ 알렉산드르 푸시킨(Aleksandr Pushkin 1799~1837)

러시아의 시인이자 소설가이다. 1814년 열다섯 살에 시 〈차르스코예 셀로의 회상〉으로 등단하였다. 푸시킨은 반체제 저항시를 썼다는 것 때문에 유배되기도 했다. 그리고 고향으로 돌아온 그는 요주의 인물로 간주되어 작품 발표도 여행도 자유롭게 할 수 없었다. 그런 까닭에 평생을 러시아에서 벗어나지 못했다. 그러나 그는 러시아 국민 시인으로 많은 사랑을 받았다. 주요 시집으로는 《예브게니 오네긴》, 《보리스 고두노프》 외 다수가 있다.

◆ 샘 레벤슨(Sam Levenson 1911~1980)

미국의 시인이자 교육자이며 강연가이다.

◆ 에이브러햄 링컨(Abraham Lincoln 1809~1865)

미국의 정치인으로, 미국 제16대 대통령이다. 그는 남북전쟁이라는 어려운 시기에 나라를 이끌며 연방을 보존하였고, 노예제를 폐지했다. 가난한 집안 형편으로 학교에서 배우기보다는 독학으로 학업을 마쳤다. 이후 독학으로 변호사 시험을 통과해 변호사가 되었다. 일리노이주 의원이 되었고 하원의원을 한 번 했으나 상원의원 선거에서는 거듭 실패를 하는 등 수많은 실패를 딛고 성공한 정치인으로 늘 미국 국민이 가장 존경하는 대통령에 올랐다.

◆ 사무엘 울만(Samuel Ullman 1840~1924)
유대계 미국인 시인이다. 시 〈청춘〉으로 널리 알려졌다.

◆ 아나톨 프랑스(Anatole France 1844~ 1924)
프랑스의 작가, 소설가, 비평가이다. 1896년 아카데미 프랑세스 회원에 선출되었고, 제1차 세계대전 후에는 평화주의를 주장하였다. 1921년 노벨문학상을 수상했다. 주요 작품으로는 《실베스트르 보나르의 범죄》, 《붉은 백합》이 있다.

◆ 성 프란시스(Francis St)
일본에 기독교를 전파한 선교사이다.

◆ 드라고스 로우아(Dragos Roua)
루마니아 파워블로거이다. 저서로 《오늘 변화를 이끄는 100가지 마법》이 있다.

◆ 바바 하리 다스(Baba Hari Dass 1923~2018)
인도의 히말라야 지방에서 태어났다. 어려서 아버지를 잃은 후 집을 떠나 히말라야 산중에서 수행자들과 함께 생활했다. 그는 수행을 통해 진정한 스승은 자신의 내면에 있음을 깨닫게 되었다. 그는 1953년부터 '침묵의 수행'을 시작했다. 이후 그는 말을 하지 않고 작은 칠판에 글씨를 써서 사람들과 소통하며 자신의 생각을 전했다. 그는 명상센터를 운영하며 사람들에게 가르침을 주었다. 그의 이름이 널리 알겨진 것은 미국 하버드대학의 심리학자인 람 다스의 스승이라는 사실이 밝혀지면서이다. 그의 사상은 집착을 버림으로써 욕망으로부터 자유로울 수 있고, 그것을 통해 슬픔과 고통을 극복할 수 있으며, 마침내 마음의 평화를 얻게 된다는 것이다. 지은 책으로는《성자가 된 청소부》외 다수가 있다.

◆ 발타자르 그라시안 이 모랄레스(Baltasar Gracia`n y Morales 1601~1658)
17세기 스페인 작가이자 철학자이자 목사이다. 1616년 발렌시아의 사라고사대학에서 공부를 하는 한편 인간과 철학에 대해 눈뜨게 되었다. 1627년 칼라타유드대학에서 문법학을 강의했다. 1631년에는 레리다대학에서 신학 교수이자 사제고문으로 이름을 떨치기 시작했다. 1646년에는 군목사가 되었으며, 군인들 사이에서 승리의 대부라는 칭호를 받기도 했다. 그는 문학 비평 활동을 하는 한편 관념론의 대변자로 활동하였으며, 국왕의 고문 자격으로 마드리드궁정에서 철학과 설교를 하기도 했다. 그의 사상은 간단명료하며 그의 작품은 간결한 표현으로 이루어졌다. 이로 인해 스페인의 세네카라고 불리기도 했다. 주요 작품으로는《지혜의 기술》,《영웅론》이 있다.

◆ 라빈드라나드 타고르(Rabindranath Tagore 1861~1941)
인도 출생 사상가이자 시인으로 세계 4대 시성 중 한 사람이다. 타고르는 부유한 귀족의 열네 번째 아들로 캘커타에서 태어났다. 그의 아버지는 귀족이며 종교사상가였다. 어린 타고르는 아버지로부터 인도 고유의 종교, 문학의 소양과 함께 진보적인 사상을 교육받았다. 타고르는 17세 때 영국으로 유학을 갔지만, 일 년도 채 안 돼 귀국했다. 제도권 교육이 마음에 들지 않았다고 한다. 그는 인도의 대자연과 전통을 사랑했고, 그것으로부터 삶의 원천을 찾아냈다. 그의 이런 타고난 감성과 사색은 그가 열네 살 때부터 시를 쓰게 된 원동력이 되었다. 그는 탁월한 감성의 소유자였고, 책 읽기를 좋아했으며 사색하기를 좋아했다. 그의 시는 매우 서정적이면서 깊이가 있고, 철학 속에 시가 있고, 시 속에 철학이 담겨 있다. 특히, 그는 벵갈어에 뛰어나 벵갈어를 가장 아름답게 승화시켰으며, 언어의 감각이 풍부했다고 알려져 있다. 그림에도 뛰어나 그가 그린 그림이 무려 2,000여 점이나 되고, 시가 1,000여 편이 되었으며, 작곡, 소설, 희곡 등에도 많은 작품을 남겼다. 1913년 시집 《기탄잘리》로 아시아인으로서는 최초로 노벨문학상을 수상했다. 대표 작품으로는 《아침의 노래》, 《마나시》 외 다수가 있다.

◆ 막심 고리키 (Maxim Gorky 1868~1936)
러시아 소설가, 사회주의자이자 혁명가이다. 주요 작품으로는 《유년시대》, 《사람들 속에서》 외 다수가 있다.

◆ 이생진 (1929~)
시인. 윤동주 문학상을 수상했다. 시집 《그리운 바다 성산포》, 《하늘에 있는 섬》 외 다수가 있다.

◆ 오쇼 라즈니쉬 (Osho Rajneesh 1931~1990)
인도의 명상가이자 철학자이며 작가이다. 주요 저서로는 《내부로부터의 행복》, 《깨달음이란 무엇인가》 외 다수가 있다.

◆ 조지 워싱턴 (George Washington 1732~1799)
미국의 초대 대통령으로 건국의 아버지로 불린다. 미국 버지니아 웨스트모얼랜드에서 출생해 17세 때에 측량 기사로, 20세 때에 버지니아군 부관참모로, 27세 때에 버지니아주 하원의원으로, 1774년에는 미국 독립군 사령관으로, 1787년에는 제헌의회 의장을 지냈다. 1789년에는 미국 초대 대통령에 선출되었으며 연임 후 정계에서 은퇴했다. 그는 종신대통령을 원하는 미국 국민들의 바람을 물리고 떠날 줄 아는 참다운 대통령의 표상이다. 워싱턴은 어린 시절부터 정직함의 대명사로 불릴 만큼 매사에 정직했다. 또한 아랫사람이든 그 누구든 간에 인격적으로 대하는 따뜻한 인간미로 미국 국민들로부터 존경을 한 몸에 받았으며 지금도 존경받고 있다.

◆ 레프 N. 톨스토이(Lev Nikolaevich Tolstoi 1828~1910)

러시아 작가, 사상가, 문명비평가이다. 부유한 명문 백작가의 4남으로 태어났다. 그러나 불행하게도 그의 나이 2살 때 어머니를 잃고, 아버지마저 여읜 채 친척에 의해 양육되는 불행한 어린 시절을 보냈다. 이러한 환경은 그가 가난하고 소외된 사람들을 위해 헌신하는 삶을 사는 데 동기부여가 되었다. 그는 '톨스토이주의'의 창시자로서 착취에 기초를 둔 일체의 국가적, 교회적, 사회적, 경제적 질서를 비판하는 동시에 그 부정을 폭로하고 악에 대항하기 위한 폭력을 부정, 기독교적 인간애와 자기완성을 주창했다. 톨스토이는 불세출의 작가이자 철저한 자기완성을 위한 종교인이었으며 사상가이다. 주요 작품으로 《전쟁과 평화》, 《부활》, 《안나 카레니나》, 《톨스토이 인생론》 외 다수가 있다.

◆ 칼릴 지브란(Kahlil Gibran 1883~1931)

레바논 시인, 작가이다. 저서로는 시집 《예언자》, 소설 《부러진 날개》 외 다수가 있다.

◆ 카렌 케이시(Karen Casey 1947~)

캐나다의 정치인이다.

◆ 알랭(Alain 1863~1951)

프랑스 철학자이자 비평가이다. 프랑스 노르망디에서 태어나 엄격한 종교교육을 받았다. 그러나 고향을 떠나서는 무신론적 사상으로 변심했다. 1906년 〈더페슈 드 루앙〉지에 《노르망디인의 어록》을 3,098회나 연재했으며 주제는 행복, 그리스도교, 문학, 미학, 교육, 정치 등 다양하다. 이로 인해 그는 이름을 널리 알리게 되었다. 그는 판단의 자유가 권력과 권위, 인간의 부패에 대항할 수 있는 원리라고 믿었으며 이는 그가 지향했던 중심 사상이 되었다. 주요 저서로는 《예술론집》, 《교육론》, 《행복론》, 《이념과 시대》, 《내 사상의 역사》 외 다수가 있다.

◆ 라이너 마리아 릴케(Rainer Maria Rilke 1875~1926)

오스트리아의 시인, 작가이다. 20세기 독일어권의 대표적인 시인으로서 어린 시절 군인이 되려고 했으나, 문학에 대한 열정으로 섬세한 서정시를 쓰는 작가가 되었다. 조각가 로댕의 비서로 일하며 사물을 깊이 관조하는 능력을 배웠다. 대표적인 작품으로는 《말테의 수기》, 《젊은 시인에게 보내는 편지》, 《두이노 비가》 외 다수가 있다.

◆ 《대학(大學)》

송대에 주자가 《예기》에서 《중용》과 《대학》의 두 편을 독립시켜 사서 중심 체재를 확립했는데 49편의 《예기》에서 42편이 《대학》에 해당한다.

◆ 프리드리히 니체(Friedrich Wilhelm Nietzsche 1844~1900)

19세기 독일의 철학자, 시인. 니체는 개신교 목사의 아들로 태어났다. 종교와 도덕, 문화, 철학, 과학에 대한 비평을 썼으며, 경구(aphorism)에 대한 자신만의 생각을 잘 표현했다. 24세에 스위스 바젤대학에서 교수로 고전철학을 가르치며 꾸준히 강연 활동을 벌였다. 1872년 첫 작품《비극의 탄생》을 발표한다. 그 후 대학을 그만두고 십여 년 동안 긴 방랑 생활을 하면서도 꾸준히 집필활동을 했다. 키에르케고르와 더불어 실존주의의 선구자적인 역할을 했으며, 자유주의, 힘의 논리 등의 마키아벨리즘, 권위주의, 반대주의 등에 대해 강력히 비판한 것으로 유명하다. 대표적인 작품으로는《차라투스트라는 이렇게 말했다》,《인간적인 너무나 인간적인》외 다수가 있다.

◆ 아널드 베넷(Arnold Bennett 1867~1931)

영국의 소설가이다. 주요 작품으로는《시간관리론》,《하루 24시간 어떻게 살 것인가》외 다수가 있다.

◆ 틱낫한(Thic Nhat Hanh 1926~2022)

베트남 승려. 1990년 미국 그린 마운틴 수행원과 프랑스 플럼 빌리지를 설립했다. 주요 저서로《평화 되기》,《지구별 모든 생명에게》외 다수가 있다.

◆ 조병화(1921~2003)

시인으로 금관문화훈장을 받았다. 예술원 회장을 역임했다. 주요 시집으로는《버리고 싶은 유산》,《하루만의 위안》외 다수가 있다.

◆ 바바라 골든(Barbara Golden)

미국 심리학자이다. 주요 저서로는 《세상의 모든 사랑에 대하여》가 있다.

◆ 아리스토텔레스(Aristoteles B.C 384~?)

고대 그리스 철학자로 플라톤과 더불어 그리스 최고의 사상가로 평가받는다. 그가 세운 철학과 과학의 체계는 오랫동안 그리스도교 사상과 스콜라주의 사상을 받쳐주었다. 그는 물리학, 화학, 생물학, 동물학, 심리학, 정치학, 윤리학, 논리학, 형이상학, 문예이론, 수사학 등 매우 다양한 분야에서 연구했으며, 그의 연구는 후세에 이것 모두가 발전하는 데 크게 기여했다. 특히, 아리스토텔레스의 윤리학, 정치학, 형이상학, 과학철학 등은 현대 철학자들 사이에서 활발히 논의될 만큼 시공을 초월하여 주목받고 있다. 주요 저서로는 《행복론》, 《철학에 관하여》, 《정의에 관하여》, 《이데아에 관하여》 외 다수가 있는데 아쉽게도 없어졌다고 한다.

◆ 헬렌 켈러(Helen Adams Keller 1880~1968)

미국 출생 교육자, 사회주의 운동가, 작가이다. 헬렌 켈러는 정상적으로 태어났지만, 심한 열병으로 시력과 청력을 잃어버리고 말도 할 수 없었다. 그녀의 운명이 바뀌기 시작한 것은 앤 설리번을 가정교사로 맞고 나서다. 헬렌 켈러는 설리번으로부터 철저하게 교육을 받고, 펄킨스 시각장애학교에 입학하여 공부를 마친 후 케임브리지학교를 나와 레드클리프대학교에 입학하여 좋은 성적으로 졸업했다. 그녀는 사회운동을 통해 장애인들의 권익과 여성들의 참정권을 주장하고 자유와 평화를 위해 노력했다. 장애의 몸으로, 사회주의 운동가로, 교육자로, 작가로 열정적인 삶을 살았던 헬렌 켈러는 많은 사람들에게 귀감이 되는 불굴의 여성이다. 프랑스 레지옹도뇌르훈장(1952), 자유의 메달(1964)을 받았다. 주요 저서로는 《사흘만 볼 수 있다면》, 《나의 스승 설리번》외 다수가 있다.

◆ 칼리다사

4~5세기경 고대 인도의 산스크리트의 최고의 시인이자 극작가이다. 주요 작품으로는 시 〈라그의 왕통〉, 〈구름의 사자〉외 다수가 있으며, 희곡으로는 〈샤쿤탈라〉외 다수가 있다.

◆ 존 러스킨(John Ruskin 1819~1900)

영국 비평가, 사회사상가, 작가, 옥스퍼드대학 교수를 역임했다. 러스킨은 옥스퍼드대학교에서 학사와 석사학위를 받았다. 그는 '근대 화가론'을 완성함으로써 학계로부터 큰 주목을 받았다. 그는 예술, 문학, 자연과학, 그림, 정치학, 경제학, 사회학 등 다방면에서 두각을 보였으며, 작가나 화가로서도 그 명성이 대단했다. 그는 무엇보다 사회비평에서 뛰어났다. 그는 인간 정신 개조에 의한 사회 개량을 주장했으며 이 방면에서 최고로 평가받았다. 훗날 간디와 톨스토이, 버나드 쇼는 러스킨을 '당대 최고의 사회개혁자'라고 평했다. 주요 저서로는 《근대화가론》, 《베네치아의 돌》외 다수가 있다.

◆ 장자크 루소(Jean Jacques Rousseau 1712~1778)

프랑스의 철학자이자 교육자이다. 주요 저서로 《사회계약론》, 《신엘로이즈》, 《에밀》이 있다.

◆ 장자(莊子 B.C 369~B.C 289)

전국시대의 사상가이다. 장자는 말로 설명하거나 배울 수 있는 도는 진정한 도가 아니라고 가르쳤으며, 또한 도는 시작이나 끝이 없고 한계나 경계가 없다고 가르쳤다. 도에는 좋은 것, 나쁜 것, 선한 것, 악한 것이 없으니, 덕이 있는 사람은 환경이나 개인적인 집착, 인습, 세상을 낮게 만들려는 욕망의 집착에서 벗어나 자유로워져야 한다는 게 장자사상의 핵심이다. 장자의 사상은 무위자연(無爲自然)의 처세 철학을 담은 《노자(老子)》와 닿아 있다. 이른바 노장사상(老莊思想)으로 불린다.

◆ 잘랄루딘 루미(1207~1273)

아프가니스탄의 시인이자 이슬람 법학자이며 철학자이다.

◆ 노먼 빈센트 필(Norman Vincent Peale 1898~1993)

목사, 저술가, 자기계발 동기부여가이다. 뉴욕 마블 협동교회에서 시무 52년을 포함하여 60년 동안을 목사로 사역했다. 그는 시련과 고통 속에서 절망하는 많은 이들에게 성공적인 삶을 살아가도록 용기와 꿈을 주는 일에 평생을 바쳤다. 발행 부수 1,600만 부인 〈가이드 포스트〉를 발행해 독자들로부터 많은 사랑을 받았다. 그의 대표작인 《적극적인 사고방식》은 현재 42개 언어로 번역되어 2,000만 부 이상이 팔린 초대형 베스트셀러이다. 그 외에 《세상과 나를 움직이는 삶의 기술》 등 45권의 저서가 있는데, 대부분의 책이 번역되어 전 세계적으로 널리 읽히고 있다.

◆ 인드라 초한(Indra Chauhan)

인도의 명상가이다. 주요 저서로는 《마음을 다스리는 100가지 명상》이 있다.

◆ 니콜라이 고골 (N. V Gogol 1809~1852)

우크라이나 출신의 러시아 작가이자 극작가이며 신문기자이다. 알렉산드리아 푸시킨, 미하일 레르몬토프와 함께 러시아 근대문학 사실주의 선구자이다. 주요 작품으로는 《디칸카 근교 마을의 야회》, 《아라베스키》 외 다수가 있다.

◆ 앤드류 매튜스 (Andrew Matthews)

미국의 작가이다. 주요 저서로는 《관계의 달인》, 《그럼에도 행복하라》 외 다수가 있다.

◆ 이어령 (1934~2022)

언론인이자 문학평론가이며 교육자이다. 문화부장관을 역임했으며, 금관문화훈장을 받았다. 주요 저서로는 《어머니를 위한 여섯 가지 은유》, 《메멘토 모리》, 《흙 속에 저 바람 속에》 외 다수가 있으며, 시집 《어느 무신론자의 기도》, 《헌팅턴 비치에 가면 네가 있을까》가 있다.

◆ 시빌 F. 패트릭

자기계발 동기부여가이자 인간관계론의 권위자인 데일 카네기의 대표 저서 《카네기의 성공철학》에 소개된 인물로, 그 외의 자세한 정보는 없다.

◆ 조로아스터 (Zoroaster)

B.C 7~B.C 6세기경 고대 페르시아의 인물로 조로아스터교의 창시자이자 페르시아의 종교 개혁가이다. 그 외에는 알려진 바가 없다.

◆ 《채근담(採根譚)》

명나라 고전문학가인 홍자성(본명 홍응명)의 어록으로 삼교일치의 처세철학서이다. 《채근담》은 경구풍의 단문 350여 조로 구성되어 있다. 중국에서는 잘 알려지지 않았으나 한국에서는 널리 읽혔다.

◆ 교황 요한 23세(Sanctus Ioannes XXIII 1881~1963)

제261대 교황으로 재위 기간은 1958년부터 1963까지로 약 6년 동안이었다. 로마 가톨릭 성인이다. 1963년 교황으로는 최초로 타임지 '올해의 인물'에 선정되었다.

◆ 홀리 해즐럿 스티븐슨

작가. 주요 저서로는 《걱정에만 올인하는 여자들의 잘못된 믿음》이 있다.

◆ 노자(老子 B.C 570~ B.C 479?)

중국 제자백가 가운데 하나인 도가의 창시자이자 학자이다. 노자는 자연의 이치를 따르고 무위(無爲)하게 사는 도(道)를 중요하게 생각했다. 노자가 말하는 무위란 '자연을 그대로 두고 인위를 가하지 않음'을 말한다. 즉 자연의 순리에 따르는 것으로 인간이 인간의 생각에 의해서 판단하거나 그것을 좌지우지해서는 안 된다는 것이다. 그러니까 있는 그대로 따르는 것이 바로 무위라는 것이다. 노자에게 물은 무위의 중심 사상이다. 물은 위에서 아래로 흐르고, 높은 곳에서 떨어져도 깨지지 않는 부드럽지만 강한 존재이다. 물과 같이 사는 것이 노자의 사상이다. 저서로 《도덕경》이 있다.

◆ 마르쿠스 아우렐리우스(Marcus Aurelius 121~180)

로마 황제, 사상가이다. 그는 청년기에 노예 출신의 스토아 철학자인

에픽테토스의 《담론》을 즐겨 탐독했다. 그 후 스토아 학파 철학자가 되었으며, 40세에 황제에 즉위했다. 그는 수많은 법령을 만들었으며 철저하게 법을 집행했다. 그는 민사법의 비정상적인 법률과 가혹한 조항을 삭제하여 노예를 비롯한 과부, 소수민족들을 보호했다. 상속 분야에서 혈연을 인정한 것도 그의 업적이다. 그는 로마 시민들의 권리를 보호함으로써 그들의 행복한 삶을 법률적으로 보장해준 존경받는 황제였다. 주요 저서로는 유명한 《명상록》이 있다.

◆ 세네카(Seneca B.C 4~A.D 65)
로마의 철학자이자 정치가, 황제 네로의 스승, 1세기 중엽 로마의 대표적인 지성인으로 네로 황제 집권 초기에 동료들과 함께 로마의 실질적인 통치자였다. 주요 저서로는 《자연의 탐구들》,《분노에 관하여》,《관대함에 관하여》 외 다수가 있다.

◆ 루돌프 슈타이너(Rudolf Steiner 1861~1925)
크로아티아 출생의 오스트리아 철학자. 주요 저서로는 《인지학이란 무엇인가》,《내 삶의 발자취》 외 다수가 있다.

◆ 요한 볼프강 폰 괴테 (Johann Wolfgang von Goethe 1749~1832)
독일 최고 시인, 작가, 과학자, 정치가로 독일 고전주의 문학의 대표 작가이다. 괴테는 어린 시절 천재교육을 받을 만큼 영리했다. 그는 문학 외에 법률에도 관심을 기울여 1770년 스트라스부르대학에서 법률박사 학위를 받았다. 또한 그림에도 재능이 뛰어나 그림을 그리기도 했다. 뿐만 아니라 광물학, 식물학, 골상학, 해부학에도 조예가 깊어 연구를 하는 등 실적을 쌓았다. 괴테는 바이마르대공화국의 재상으로 약 10년간 정치활동을 했다. 그는 다재다능한 능력으로 자신의 능력을 펼쳐 보인 위대한 천재로 평가받는다. 주요 작품으로는 《파우스트》, 《젊은 베르테르의 슬픔》, 《이탈리아 기행》 외 다수가 있다.

◆ 공자(孔子 B.C 551~B.C 479)

중국 춘추전국시대의 교육자, 철학자, 사상가, 학자. 유교의 시조. 창고를 관장하는 위리, 나라의 가축을 기르는 승전리 등의 말단관리로 근무했다. 40대 말에 중도의 장관이 되었으며, 노나라의 재판관이며 최고위직인 대사구가 되었다. 그러나 그는 곧 자리에서 물러났다. 공자는 6예, 즉 예(禮), 악(樂), 사(射: 활쏘기), 어(御: 마차술), 서(書: 서예), 수(數: 수학)에 능통했으며 역사와 시(詩)에 뛰어나 30대에 훌륭한 스승으로 이름을 떨쳤다. 그는 모든 사람이 배우는 데 힘쓰기를 주장했으며 배움은 지식을 얻기 위한 것만이 아니라 인격을 기르는 거라고 정의했다. 공자는 평생을 배우고 가르치는 일에 전념하여 3,000명이 넘는 제자를 두었다고 한다. 공자의 어록 모음집인 《논어》가 널리 읽히고 있다.

◆ 펠레시테 로베르 드 라메네(Felicite Robert de Lamennais 1795~1858)

프랑스의 신고전주의 작가이다.

◆ 에픽테토스(Epiktetos 55~135)

고대 그리스 스토아 학파의 대표적인 철학자이다. 출생 당시에 노예의 신분으로 태어나 심한 고문 후유증으로 절름발이가 되었다. 스토아 철학에 흥미를 느껴 철학을 공부하고 노예 신분에서 풀려나자 철학을 가르쳤다. 그는 종교적인 가르침으로 초기 그리스도 사상가들로부터 존경을 받았다. 그의 철학적 핵심은 의지의 철학으로 실천적인 삶을 강조했다. 직접 쓴 저서는 없으나 그의 가르침을 제자인 아리아노스가 기록한《어록》과《제요》가 있다.

◆ 파크 벤저민 시니어(Park Benjamin Sr.)
미국의 시인이자 저널리스트이다.

◆ 앤드류 카네기(Andrew Carnegie 1835~1919)
미국 철강회사 창업주이자 자선사업가로 미국의 기부문화를 주도한 기부문화 1세대이다. 꿈을 안고 스코틀랜드에서 미국으로 이주한 이민자의 아들로 어린 시절부터 방직공장 노동자, 전보 배달원, 전신기사로 일했다. 그러던 중 제강법에 대해 꿈을 키우게 되었고, 세계 최고의 철강회사를 창립하여 세계적인 부호가 되었다. 그가 성공할 수 있었던 것은 성실성과 근면성, 사람들을 칭찬하고 격려하는 참 좋은 마인드에 있다. 그가 사람들로부터 존경받는 성공적인 인물이 될 수 있었던 것은 이외에도 자신의 재산을 기부함으로써 기업의 사회적인 책임을 보여주었기 때문이다. 그는 죽어서도 이름을 빛내는 가장 성공적인 인물 중 하나이다.

◆ H. C 머튼
자기계발 동기부여가이자 목사인 노먼 빈센트 필의 대표 저서인《적극적인 사고방식》에 소개된 인물로, 그 외의 자세한 정보는 없다.

◆ 탈 벤 샤하르(Tal Ben Shahar 1970~)
하버드대학교 긍정심리학 교수이다. 주요 저서로는《하버드대 52주 행복 연습》이 있다.

◆ 브라이언 트레이시(Brian Tracy 1944~)

캐나다 출생 컨설턴트, 자기계발 동기부여가, 강연가이자 저술가이다. 브라이언 트레이시는 집이 가난하여 고등학교도 마치지 못했다. 그는 먹고살기 위해 어린 나이에 조그만 호텔에서 접시 닦는 일을 했다. 그 후 몇 년 동안 여기저기를 떠돌며 온갖 막노동을 해 겨우 생계를 유지했다. 그러다 배워야 한다는 일념으로 심리학, 철학, 경제학, 경영학 등 자신의 꿈을 이루는 데 도움이 되는 책들을 읽으며 공부했다. 그리고 그는 대학에서 하는 프로그램에 참여해 열심히 강의를 들었다. 배움만이 자신의 꿈을 더욱 구체화시킬 수 있고, 힘이 되어준다는 사실을 깨달았기 때문이다. 그는 자신만이 터득하고 확립한 지식을 바탕으로 성공할 수 있었다. 주요 저서로《전략적 세일즈》,《판매의 심리학》,《잠들어 있는 성공시스템을 깨워라》,《위대한 기업의 7가지 경영 습관》외 다수가 있다.

◆ 앤서니 라빈스(Anthony Robbins 1960~)

작가이자 심리학자이며 동기부여가이다. 주요 저서로는《돈의 본능》,《부자가 되는 3분의 힘》외 다수가 있다.

◆《명심보감(明心寶鑑)》

중국 고전에 나와 있는 경구들을 가려 뽑아 1393년 명나라의 범립본이 편찬한 것으로써 우리나라에서는 1454년 조선시대 때 청주에서 처음 간행된 학습서이다.《명심보감》은 충과 효와 예 등 가정교육을 중심 내용으로 유교적 교양과 심성 교육을 바탕으로 하고 있다.

◆ 존 디마티니(John Demartini)

인간행동학의 전문가이자 교육자이며 철학자이다. 주요 저서로는《시크릿》이 있다.

◆ 조지 버나드 쇼(George Bernard Shaw 1856~1950)

아일랜드 극작가, 비평가, 수필가이다. 그는 아일랜드 더블린의 프로테스턴트(개신교)의 집안에서 태어났다. 아버지의 사업 실패로 초등학교만 나와 사환으로 일하며 음악과 그림을 배우며 소설을 썼다. 그는 청소년 시절 부동산 중개소에서 근무하기도 하고, 에디슨 전화사에 잠시 근무하고는 직업을 가진 적이 없다. 1879년부터 1983년에 걸쳐 5편의 소설을 썼지만 모두 출판사로부터 거절당했다. 그는 마르크스의 자본론에 감동 받아 많은 사상가들과 사귀었고, 신문, 잡지에 비평을 하며 많은 인기를 얻었다. 그리고 극작가로 〈캔디다〉, 〈인간과 초인〉 외 많은 작품으로 세계적인 작가가 되었다. '우물쭈물하다 내 이럴 줄 알았다'라는 묘비명으로 유명하다. 1925년 노벨문학상을 수상했다. 주요 작품으로 소설 《카셀 바이런의 직업》, 희곡 《운명의 사람》, 평론 《예술의 정기》 외 다수가 있다.

◆ 아우구스티누스(Sanctus AureliusAugustinus 354~430)

알제리의 타가스테에서 출생. 교부, 신학자, 사상가. 이교도인 아버지와 그리스도인인 어머니 사이에서 태어났다. 어려운 집안 형편으로 공부를 중단했지만, 16세 때 수사학을 배우기 위해 카르타고로 유학을 갔다. 그는 철학에 심취하게 되어 이단이던 마니교도로 10년 동안 보냈다. 그러나 그는 회의를 느끼고 마니교를 나와 수사학과 철학을 가르쳤다. 그러다 밀라노 주교인 암브로시우스를 만나 회심을 하고, 세례를 받아 수도 생활을 시작했다. 그 후 사제로 서품을 받았으며, 발레리우스 주교가 죽자 히포 주교가 되어 사랑과 봉사로 일생을 보냈다. 주요 저서는 《고백록》, 《행복론》, 《신국론》 외 다수가 있다.

◆ 콘스탄틴 게오르규(Constantin Gheorghiu 1916~1992)

루마니아 소설가이다. 주요 작품으로는 《25시》가 있다.

◆ 레오나르도 다 빈치(Leonardo Da Vinci 1452~1519)

르네상스 시대 미술가, 과학자, 건축가, 사상가이다. 그는 수학, 음악, 조각, 토목, 과학, 지리, 천문, 해부학, 건축, 발명 등 다양한 분야에 걸쳐 천재성을 발휘한 르네상스 시대의 대표적인 천재로 평가받고 있다. 공증인 아버지와 농민 여성 사이에 사생아로 태어난 그는 아버지의 친구인 안드레아 베로키오의 도제가 되어 회화와 조각을 배웠다. 1472년 화가 길드에 등록된 독립장인 자격을 얻었다. 대표적인 작품으로 〈최후의 만찬〉, 〈모나리자〉, 〈인체해부도〉, 〈자화상〉, 〈동방박사의 경배〉 등이 있다.

◆ 소크라테스(Socrates B.C 470~ B.C 399)

고대 그리스 철학자이다. 그리스 아테네에서 태어난 그는 예수, 석가, 공자 등과 더불어 세계 4대 성인으로 불린다. 그는 보편적 진리, 절대미, 절대선을 인정하고 여기에 이르기 위한 방법으로 분석, 비교, 변증, 종합 등의 방법론을 제시했다. 그는 수많은 철학자들의 사상에 정통하고, 웅변술이 뛰어나며 토론에 능했다. 특히 그는 철학이란 자신의 수양을 쌓기 위한 것이 아니라, 아테네 시민의 심성을 발전시키는데 쓰여야 한다고 주장했다. 그리고 철학자는 그 일을 하는 사람이며 '신'이 자신에게 부여한 사명이라고 생각했다. 그는 저서를 남기지 않았는데 그에 대한 기록은 수제자인 플라톤의 《대화》와 크세노폰의 《회고록》에 전해져 온다. 그는 '신성 모독죄와 청년들을 타락시킨 죄목'으로 사형당했으며 '너 자신을 알라', '악법도 법이다'라는 유명한 말을 남겼다.

◆ 말로 모건

미국의 의사이다. 주요 저서로는 《무탄트 메시지》가 있다.

◆ 토머스 스타 킹

미국의 목사이다.

◆ 존 드라이든(John Dryden 1631~1700)

영국의 시인이자 비평가이며 극작가이다. 주요 작품으로는 《압살롬과 아히도벨》, 《플렉크노 2세》 외 다수가 있다.

◆ 오프라 윈프리(Oprah Winfrey 1954~)

미국의 방송인. 2018년 미국 타임지 '세계에서 가장 영향력 있는 100인'에 선정되었다. 주요 저서로는 《언제나 길은 있다》, 《내가 확실히 아는 것들》 외 다수가 있다.

◆ 프랑수아 드 라로슈푸코(Francois de La Rochefoucauld 1613~1680)

프랑스 작가이자 정치가이다. 백작의 아들로 태어나 정치의 길에 발을 들였으나 그의 정치 생활은 순탄치 않았다. 그는 6년 동안 세 차례의 교전에서 부상을 당했다. 그로 인해 몸과 마음이 피폐해져 마음의 평화를 잃었다. 토지는 저당 잡히고 경제적으로 많은 어려움을 겪었다. 그는 정치에서 벗어나 독서를 하고 사람들과 지적인 대화를 나누며 마음의 평온을 찾아나갔다. 이때 라로슈푸코는 간결하고 재치 있는 문구로 예절과 행동에 대한 금언을 싯는 데 몰입했다. 이런 그의 책은 대중들에게 인기가 있었다. 그의 경험에서 깨우친 잠언은 대중의 공감을 불러일으키는 데 잘 맞았기 때문이다. 주요 저서로는 《회고록》, 《잠언집》이 있다.

◆ 파블로 루이즈 피카소(Pablo Ruiz Picasso 1881~1973)
스페인 화가. 입체파의 선구자이다. 20세기 최고의 화가로 대표적인 작품으로는 〈아비뇽의 처녀들〉 외 다수가 있다.

◆ 김남조(1927~2023)
시인. 구상문학상, 정지용문학상을 수상했다. 주요 시집으로는 《너를 위하여》, 《가난한 이름에게》 외 다수가 있다.

◆ 빌리 그레이엄(William Franklin Graham 1918~2018)
미국의 남침례회 목사. 그는 아이젠하워 대통령 이후 트럼프 대통령 시절까지 역대 미국 대통령들의 영적 조언자였다. 그레이엄은 역사상 존재했던 개신교도 중에서 전 세계에 있는 가장 많은 사람들에게 설교한 목회자로 정평이 났다.

◆ 마더 테레사(Mother Teresa 1910~1997)
유고슬라비아에서 출생한 수녀이다. 1979년 노벨평화상을 수상했다. 〈사랑의 선교 수녀회〉를 설립하고, 평생을 인도 빈민가에서 병들고 가난한 자들을 위해 봉사와 선교활동을 펼쳐 사랑의 성녀로 추앙받는다.

◆ 버트런드 러셀(Bertrand Russell 1872~1970)
영국의 논리학자, 철학자이다. 1950년에 노벨문학상을 수상했다. 주요 저서로 《수학 원리》, 《결혼과 도덕》 외 다수가 있다.

◆ 앙드레 지드(Andre Gide 1869~1951)
프랑스의 소설가이자 비평가이다. 1947년에 노벨문학상을 수상했다.

주요 작품으로는 《좁은 문》, 《지상의 양식》 외 다수가 있다.

◆ 돈 에직(Don Essig)

미국 오리건대학에서 조직경영학을 전공했다. 30년 동안 초중고에서 교직 생활을 했으며, 대인관계와 자기계발 동기부여가로 활동하고 있다.

◆《탈무드(Talmud)》

교훈, 교의라는 뜻을 가진 유대인의 지혜서로 5천 년의 역사와 전통을 자랑하는 총 20권에 1만 2천 페이지, 250만 단어로 이루어진 유대민족의 살아있는 지혜가 체계적으로 정리된 방대한 분량의 책이다. 《탈무드》에는 정치, 경제, 예술, 법, 예의, 도덕, 결혼과 연애, 돈, 바람직한 삶의 자세에 대한 주옥같은 글들이 담겨 있다. 유대인들이 세계 최고의 민족이 되는 데 《탈무드》의 영향은 절대적이다. 유대인들은 누구나 《탈무드》를 공부하며 그 가르침에 따라 실천하는 것을 덕목으로 여기기 때문이다. 《탈무드》는 전 세계적으로 번역되어 널리 읽히는 최고의 가치를 지닌 대표적인 책 중에 하나이다.

◆ 로널드 레이건(Ronald Reagan 1911~2004)

미국의 제40대, 41대 대통령이다. 소련 고르바초프 대통령과의 담판에서 그를 굴복시키고, 냉전 시대를 종식시킨 강력한 대통령의 상징과도 같은 존재이다. 공산주의를 극도로 싫어한 반공주의자로 미국인들로부터 가장 존경받는 대통령 중 한 사람으로 미국 정치사에서 한 획을 그은 정치인이기도 하다.

◆ 메리 케이 애시(Mary Key Ash 1918~2001)

미국 기업가이다. 주요 저서로는 《핑크 리더십》, 《열정은 기적을 낳는다》 외 다수가 있다.

◆ 사라 문(Sarah Moon 1942~)

프랑스에서 출생한 유대인계 프랑스인으로 패션모델 출신 포토그래퍼이다. 2008년에는 〈12345〉라는 작품집으로 '나다르'상을 수상했다.

◆ 존 워너메이커(John Wanamaker 1838~1922)

미국 워너메이커 백화점 CEO를 역임했다. '백화점 왕'이라 불리며 체신장관을 지냈다.

◆ 이사도라 던컨(Isadora Duncan 1878~1927)

미국 출생 자유무용의 창시자로 현대무용의 개척자라 불린다. 1904년 베를린에 무용학교를 설립했다.

◆ 알렉산더 로이드(Alexander Lloyd)

심리학자이자 자연의학자이며 작가이다. 주요 저서로는 《힐링 코드》, 《메모리 코드》 외 다수가 있다.

◆ 윤동주(1917~1945)

민족시인. 20세기를 빛낸 한국의 예술인. 1990년 건국훈장 독립장을 받았다. 저서로 시집 《하늘과 바람과 별과 시》가 있다.

◆ 마빈 토케이어(Marvin Tokayer 1936~)

유대인 랍비이며 와세다대학교 히브리어 교수이다. 저서로는 《천년의 지혜 탈무드》,《유대인의 교육 95가지 이야기》외 다수가 있다.

◆ 마크 트웨인(Mark Twain 1835~1910)

미국의 소설가이다. 주요 작품으로《왕자와 거지》,《톰 소여의 모험》,《허클베리 핀의 모험》외 다수가 있다.

◆ 제임스 브라이스(James Bryce 1838~1922)

영국의 정치가이자 정치학자이다. 주요 저서로는《신성로마제국》,《근대 민주정치》외 다수가 있다.

◆ 마르셀 프루스트(Marcel Proust 1871~1922)

프랑스 소설가이다. 고등학교 시절부터 문학에 흥미를 가져 학교에서 작문과 논문상을 받으며 재능을 발휘했다. 파리대학 법학부를 졸업하고 법학사가 되었다. 이때부터 본격적으로 문학에 열중해《즐거움과 나날들》을 첫 출간했다. 그 후 평론을 신문과 잡지에 발표했다. 부모를 여의고《생트뵈브에 반대하여》를 쓰기 시작했는데 이것이《잃어버린 시간을 찾아서》집필로까지 이어졌다. 이 책은 총 7권으로 구성되었는데 14년에 걸쳐 출판되었다. 1919년 콩쿠르상을 받으며 유명해짐은 물론 20세기 최고의 작가 중 한 사람으로 평가받는다. 주요 작품으로《잃어버린 시간을 찾아서》,《잃어버린 시절을 찾아서》외 다수가 있다.

◆ 매들렌 렝글(Madeline L`Engle 1918~2007)

미국의 아동작가이다. 뉴베리상, A-V학습상, 미국 도서상, 뉴베리 아너상을 수상했다. 주요 작품으로는《시간의 주름》외 다수가 있다.

◆ 《우파니샤드》
산스크리트 비밀의 교의 또는 심의서라고도 한다. 이 책은 동서양에 있어 자아에 관한 가장 오래된 철학적 사유를 집대성한 책으로 인도 철학의 근간이라고 할 수 있다.

◆ 에드워드 조지 얼리 리튼(Edward George Bulwer Lytton 1803~1873)
영국의 작가이자 극작가이며 정치가이다. 리튼은 케임브리지대학을 졸업한 후 작가 생활을 하며 언론인과 정치인의 길을 걸었다. 그는 식민지 담당 대신으로 일하며 초대 리턴 남작의 작위를 받았다. 저서로 《폼페이 최후의 날》, 《유진아람》 외 다수가 있다. "펜은 칼보다 강하다"라는 말로 유명하다.

◆ 표도르 도스토옙스키(Fyodor Mikhailovich Dostoevskii 1821~1881)
러시아 소설가이다. 정교회 사제 가문에서 태어났다. 1848년 혁명에 가담하여 사형을 선고받았으나 철회되었다. 1861년 형과 같이 잡지 〈시대〉를 창간했으나 1863년 발행을 중지당했다. 1873년 〈국민신문〉에 《어느 작가의 일기》를 연재했다. 키에르케고르와 함께 위기의 신학, 변증법적 신학의 선구자로 평가받는다. 그는 구원이란 약한 자, 비천한 자에게 신의 자유로운 선물로서 주어지는 것이라는 신앙관을 견지했다. 이러한 그의 신앙관과 사상은 그의 작품에 그대로 반영되어 나타났으며, 후세의 문학과 종교사상에 큰 영향을 끼쳤다. 주요 작품으로는 《죄와 벌》, 《카라마조프가의 형제들》 외 다수가 있다.

◆ 파울로 코엘료(Paulo Coelho 1947~)
브라질 소설가이다. 프랑스 레지옹 도뇌르 훈장을 받았다. 대표 작품으로는 《연금술사》, 《순례자》, 《11분》 외 다수가 있다.

◆ 사무엘 다니엘(Samuel Daniel 1562~1619)

영국의 시인이다. 서정시, 교훈시 등을 주로 썼다. 시집으로는 소네트 시집 《델리아》, 《클레오파트라의 비극》, 담시 《로자먼드의 한탄》 외 다수가 있다.

◆ 《손자병법(孫子兵法)》

지금으로부터 2500년 전인 춘추시대 말기 때 손자(孫子)가 쓴 병법서로, 전쟁에서 적을 이기는 갖가지 전쟁비법이 집약적으로 정리한 책이다. 이 책은 전술(戰術)의 교과서로 예로부터 시대를 막론하고 야망을 지닌 군주와 장수들의 필독서로 널리 사랑받음은 물론 일반인들에 이르기까지 널리 읽히고 있다. 《손자병법》은 총 6,000여 자로 쓰였으며, 시계편에서 용간편에 이르는 총 13편의 단락으로 구성되어 있다.

◆ 로렌스 굴드(Laurence Gould)

미국의 교육자이자 지질학자이며 극지 탐험가이다.

◆ 자크 프레베르(Jacques Prevert 1900~1977)

프랑스 시인이자 시나리오작가이다. 이브 몽땅이 부른 샹송 〈고엽〉의 작사가로도 유명하다. 주요 작품으로는 《절망의 벤치에 앉아 있다》, 《비 오는 날과 맑은 날》 외 다수가 있다.

◆ 오노레 드 발자크(Honore de Balzac 1799~1850)

프랑스 소설가이다. 19세기 사실주의 문학의 거장이다. 주요 작품으로는 《인간희극》, 《고리오 영감》, 《골짜기에 핀 백합》 외 다수가 있다.

◆ 로맹 롤랑(Romain Rolland 1866~1844)

프랑스의 소설가이다. 1915년 《장 크리스토프》로 노벨문학상을 수상했다. 주요 작품으로는 《매혹된 영혼》 외 다수가 있다.

◆ 쇼펜하우어(Arthur Schopenhauer 1788~1860)

독일 철학자이다. 어린 시절 가정교사로부터 교육을 받았다. 1809년 괴팅겐대학 의학부에서 입학 허가를 받고 자연과학 강의를 듣다 인문학부로 옮겨 플라톤과 칸트를 공부했다. 1813년 예나대학에서 철학박사 학위를 받았다. 베를린대학에서 교수로 지내다 집필에 몰두했다. 은둔을 통해 금욕주의적인 생활을 하고, 유행에 뒤떨어진 옷을 입는 등 칸트의 삶을 모범으로 삼아 지내면서 《자연에서의 의지에 관하여》라는 책을 출간했다. 쇼펜하우어의 사상은 이성이 아니라 직관력과 창조력, 비합리적인 것으로 니체, 야코프 부르크하르트를 비롯해 바그너, 게르하르트, 토마스만 등 많은 이들에게 영향을 끼쳤다. 주요 저서로는 《의지와 표상으로서의 세계》, 《윤리학》 외 다수가 있다.

◆ 버지니아 울프(Virginia Woolf 1882~1941)

영국의 소설가, 수필가로 20세기를 대표하는 모더니즘 여성작가로 평가받고 있다. 주요 작품으로 《자기만의 방》, 《댈러웨이 부인》 외 다수가 있다.

◆ 펄벅(Pearl Buck 1892~1973)

미국의 소설가이다. 1938년 노벨문학상을 수상했다. 주요 작품으로는 《대지》가 있다.

◆ 알베르트 카뮈(Albert Camus 1913~1960)

알제리 출신 프랑스 작가이자 철학자이다. 알제리에서 가난한 어린 시절을 보냈으며 그의 아버지는 전쟁에서 사망했다. 어머니가 하녀라는 것에 부끄러움을 가졌으나 훗날 어머니를 너무도 사랑하고 존경했다. 알제리대학에 입학했지만 폐결핵으로 중퇴를 했으며 이후 가정교사, 자동차 수리공 등 일을 하며 지내다 평생의 스승인 장 그르니에를 만나 가르침을 받았다. 1935년 플로티누스에 관한 논문으로 철학사 학위 과정을 마쳤다. 카뮈는 인권운동과 평화주의를 통해 사형제도에 반대하는 등 사회 활동에도 적극적으로 기여했다. 대표 작품으로 《시지프 신화》, 《이방인》, 《페스트》 외 다수가 있다. 1957년 노벨문학상을 수상했다.

◆ 생텍쥐페리(Saint Exupery 1900~1944)

프랑스 소설가이다. 1939년 아카데미 프랑세즈의 소설 대상을 수상했다. 주요 작품으로는 《어린 왕자》가 있다.

◆ 크리스티 매튜슨(Christy Mathewson 1880~1925)

야구선수로 활약했으며 신시내티 레즈 야구 감독을 지냈다. 메이저리그 다승 공동 3위로, 1936년 명예의 전당에 헌액되었다.

◆ 이디스 워튼(Edith Wharton 1862~1937)

미국 소설가이자 디자이너이다. 예일대학교에서 명예박사학위를 받았다. 1921년 퓰리처상을 수상했으며 프랑스 레지옹 도뇌르 훈장을 받았다. 주요 작품으로는 《환락의 집 1~2》, 《순수의 시대》 외 다수가 있다.

◆ 존 F. 케네디(John Fitzgerald Kennedy 1917~1963)

미국 제35대 대통령으로 미국 대통령 중 최초로 40대(44세)에 대통령으로 당선되었다. 그의 가문은 미국에서도 명문가 중에 명문가이다. 케네디는 어떤 주제에 대해 토론하기를 좋아했고, 자신의 의견을 증명하기 위해 열정적으로 자신의 주장을 관철시키는 집념을 보여 주변 사람들에게 강한 인상을 일찍이 심어주었다. 그는 INS 기자로 UN 창설의 샌프란시스코 회의, 영국 총선거, 포츠담 회의를 취재하는 등 활발하게 활동했다. 그 후 정치에 뜻을 두고 강력한 미국, 세계 민주주의를 이끄는 세계 중심 국가로서의 위상을 실현하려는 꿈을 이루기 위해 '뉴 프런티어(New Frontier)' 정책을 내세워 세계 냉전 해소에 지대한 영향을 끼친 정치가로 미국인들의 존경을 한 몸에 받았다. 주요 저서는 《용기 있는 사람들》, 《대통령이 된 기자》 외 다수가 있다.

◆ 마리 퀴리(Marie Curie 1867~1934)

폴란드의 물리학자이자 화학자이다. 남편 퀴리와 방사능을 연구하여 최초로 방사성 동위원소 폴로늄과 라듐을 발견했다. 노벨물리학상(1903), 노벨화학상(1911)을 수상했다. 주요 저서로는 《내 사랑 피에르 퀴리》, 《퀴리 부인이 딸에게 들려주는 과학 이야기》가 있다.

◆ 벤저민 디즈레일리(Benjamin Disraeli 1804~1881)

정치가이자 소설가이다. 유대인으로 어렸을 때부터 좌절을 모르는 기질을 자신의 정치적 역량을 드높이는 데 지혜롭게 적용시킴으로써 자신을 반대하는 정치 세력을 굴복시키고 영국 수상을 두 번(40대, 42대)이나 역임했다. 그가 영국의 수상으로 있는 동안 '대영제국은 해가 지지 않는다'는 말이 떠돌 만큼 영국은 유럽은 물론 전 세계적으로 강력한 국가의 위상을 떨쳤다. 또한 그는 소설가로서 《비비안 그레이》,

《헨리에타 사원》외 다수의 작품을 남겼으며, 한 달에 4권의 책을 읽을 것을 권고한 것으로 유명하다. 그는 영국 정치계에서 가장 성공한 정치인으로 평가받고 있다.

◆ 프랜시스 베이컨(Francis Bacon 1561~1626)

영국의 철학자, 정치가이다. 데카르트와 함께 근세철학의 선구자로 불린다. 케임브리지대학에서 수학한 후 변호사, 하원의원, 검찰총장을 거쳐 대법관이 되었다. 공직에서 물러난 뒤 연구와 저술에 몰두했으며 '아는 것은 힘이다'라는 명언으로 유명하다. 철학은 인간의 행복을 위해서만 이용되어야 한다고 생각한 베이컨은 과학의 모든 부분, 특히 자연과학 연구의 토대를 마련했다. 주요 저서로는 《수상록》, 《학문의 진보》 등 다수가 있다. 1621년 자작작위를 받았다.

◆ 프리드리히 실러(Friedrich von Schiller 1759~1805)

독일 고전주의 극작가, 시인, 철학자. 실러의 부모는 그를 성직자로 만들려고 했지만, 전제군주인 카를 오이겐 공의 명령에 의해 사관학교에 들어가 8년을 보냈다. 엄격한 전제적인 규율 속에서 청년기를 보낸 그는 권력의 이용과 남용이라는 문제에 부딪쳤고, 그의 대부분의 희곡에서 주제로 드러냈다. 이에 대한 분노는 초기의 시에도 잘 나타났으며, 최초의 희곡인 〈군도〉에 잘 드러나 있다. 이 작품은 크게 성공했으며, 독일 연극사에 하나의 이정표가 되었다. 실러는 희곡을 통해 사회의 부정적인 제도와 모순에 대해 활기차게 비판했다. 그의 작품은 어떤 비평이 시류에도 퇴색되지 않을 것이라는 평가를 받는다. 주요 작품으로는 《돈 카를로스》, 《빌헬름 텔》 외 다수가 있다.

◆ 사무엘 버틀러(Samuel Butler 1835~1902)

영국의 시인이자 소설가이다. 주요 작품으로는 풍자소설 《에레혼》, 《만인의 길》이 있으며, 영웅시 〈휴디브래스〉가 있다.

◆ 존 로크(Jon Locke 1632~1704)

영국의 철학자이자 계몽주의 선구자이다. 존 로크는 어린 시절 부모로부터 청교도식의 엄한 교육을 받았다. 1647년 웨스트민스터 기숙학교에 입학하여 우수한 성적으로 졸업하고, 1652년 옥스퍼드대학의 크라이스트처치 칼리지에 입학하여 졸업했다. 그리고 석사 과정을 마쳤다. 그는 독일의 브란덴부르크에서 공사 비서로 일하며 10년간 정치활동을 했다. 1689년 명예혁명에 의해 윌리엄 3세의 즉위로 1690년 공소원장이 되었다. 그는 인식론의 창시자이며 계몽철학의 개척자로 그의 정치, 교육, 종교 등의 사상은 영국과 프랑스에 큰 영향을 끼쳤다. 그는 전제주의에 반대하고, 국가는 개인의 생명, 재산, 자유를 보호해야 한다고 주장했다. 그는 민주주의 근본인 입법, 사법, 행정의 삼권분립 기초를 만든 것으로 유명하다. 주요 저서로는 《인간오성론》 외 다수가 있다.

◆ 피터 드러커(Peter Drucker 1909~2005)

오스트리아 출신의 미국인 작가이자 경영학자이다. 그는 현대 경영학의 아버지로 불린다. 그는 스스로 '사회생태학자'로 지칭했으며 경영학자로서 '지식노동자'라는 용어 등 새로운 경영학의 이론을 체계화시킨 것으로 유명하다. 무엇보다 그가 사람들에게 깊은 인상을 주는 것은 75세의 늦은 나이에 정년을 맞아 《자본주의 이후의 세계》, 《방관자의 모험》 등 100여 권이 넘는 책을 집필했다는 점이다. 그는 아흔여섯 해를 사는 동안 "60세 이후 30여 년 동안이 내 인생의 황금기였다"고

말할 정도로 왕성한 저술 활동을 통해 현대 경영학의 발전에 크게 기여했다.

◆ 블레즈 파스칼(Blaise Pascal 1623~1662)

프랑스의 심리학자, 수학자, 과학자, 신학자, 물리학자, 발명가, 작가, 철학자, 통계학자이다. 블레즈 파스칼은 흔히 과학자나 수학자로 알려져 있지만, 그는 철학과 신학에 더 많은 시간을 투자했다. 주요 저서는 《팡세》, 《시골 벗에게 부치는 편지》 등이 있다.

◆ 단테(Dante 1265~1321)

이탈리아 시인으로, 세계 4대 시성 중 한 사람이다. 시집으로는 유명한 《신곡》이 있으며, 주요 작품으로는 《신생》, 《향연》이 있다.

◆ 생트뵈브(Sainte Beuve 1804~1869)

프랑스의 시인이자 소설가이며 문예 비평가이다. 시집으로 《조세프 들로롬의 생애》가 있으며, 약 1천 명의 작가와 시인 등을 비평하며 왕성한 비평 활동을 했다.

◆ 로버트 H. 슐러(Robert H. Schuller 1926~)

미국의 목사이자 세계적인 부흥강사이다. 슐러는 홉대학에서 공부를 한 후 1950년 웨스턴 신학교에서 신학 석사학위를 받고 미국 개혁파 교회 목사로 임명되었다. 슐러는 1955년 드라이브인 영화관에 가든 그로브 커뮤니티 교회를 열었다. 이는 당시로서는 아주 획기적인 새로운 예배 형식으로 사람들에게 신선한 충격을 주었다. 슐러는 이에 그치지 않고 1970년에는 텔레비전 방송 '권력의 시간'을 통해 대중들에게 널리 알려졌다. 그는 늘 새로운 방식으로 선교를 위해 힘썼으며 그가 시도한 방식은 늘 특별해서 자신이 생각하는 대로 큰 성공을 거뒀다. 그는 미국뿐만 아니라 전 세계적으로도 가장 성공한 목회자 중 한 사람이다.

◆ 에밀리 디킨슨(Emily Dickson 1830~1886)
미국의 시인이다. 주요 시집으로는《절대 돌아올 수 없는 것들》,《나의 꽃은 가깝고 낯설다》가 있다. 1775편의 시를 썼으며, 124편의 산문을 썼다. 순수서정의 시세계로 많은 사람들에게 감동을 준 천재 시인으로 평가받고 있다.